Annette Reinkemeier

Münsters Laternengeschichten

agenda

Annette Reinkemeier

Münsters Laternengeschichten

Ein Wegbegleiter über den leuchtenden
Prinzipalmarkt

agenda Verlag
Münster
2022

Bibliografische Information der Deutschen Nationalbibliothek
Die Deutsche Nationalbibliothek verzeichnet diese Publikation in der Deutschen Nationalbibliografie; detaillierte bibliografische Daten sind im Internet über http://dnb.dnb.de abrufbar.

Drubbel 4, D-48143 Münster
Tel. +49-(0)251-799610
info@agenda.de, www.agenda.de

Fotos: Rüdiger Wölk, Münster.

Druck und Bindung: TOTEM, Inowroclaw, Polen

ISBN 978-3-89688-759-7

Inhalt

Vorwort

Als ich meinem Mann erzählte, dass ich ein Buch über Münster schreiben wollte, schüttelte er bedenklich den Kopf. „Schau mal in deine Regale, da stehen so viele Bücher über Münster, da kann man kaum was Neues schreiben.“ Damit hatte er sicherlich recht, und trotzdem hatte ich mir in den Kopf gesetzt, über die Laternen am Prinzipalmarkt zu schreiben und dem Betrachter vieles Vergessene wieder in Erinnerung zu rufen. Ein paar Jahre lang habe ich mit großer Begeisterung Gäste durch diese wunderschöne Stadt geführt. Meines Wissens hat bis auf einige Zeitungsartikel in den Westfälischen Nachrichten noch keiner so richtig an die Laternen angeknüpft, die im Herbst Münsters Prinzipalmarkt so wunderbar beleuchten und verschönern. Das tue ich also hiermit, hole Vergessenes in die Erinnerung zurück und mache aus vielen Büchern das „paffzigste“ Buch über Münster. Und obwohl man nichts Neues erfinden kann, hoffe ich sehr, dass meine Betrachtungen der Dinge dem Leser gefallen.

Annette Reinkemeier

Münsters Prinzipalmarkt im Laternenschein

Im Herbst, wenn die Tage kürzer werden und die Dämmerung früher über Münster hereinbricht, werden unter den Bögen am Prinzipalmarkt bunte Laternen aufgehängt. So kann man wunderbar einen Bummel entlang der Arkaden zwischen Rothenburg und Drubbel unternehmen, sich auf die dunklere Jahreszeit einstimmen und dabei Bilder bewundern, die aus Münsters bewegter Stadtgeschichte stammen. Über 100 farbenfrohe Laternen möchten dem Betrachter Geschichten erzählen, amüsante und mit Anekdoten verbundene, aber auch historisch bedeutsame, durchaus mit Folgen für die Nachwelt. Viele Bilder zeigen Originale und Prominente, die in Münster eine Rolle gespielt haben und deren Erinnerung auf diese Weise wach bleibt. Andere geben Hinweise auf Münsters Sehenswürdigkeiten, von denen es ja nicht gerade wenige gibt und die man sich auch unbedingt im Original anschauen sollte!

Die Laternen werden von den Kaufleuten am Prinzipalmarkt immer einige Tage vor dem Lambertusfest aufgehängt, ein Lichterfest, das im Münsterland um den 17. September herum gefeiert wird. Die deshalb auch Lambertuslaternen genannten Lampen leuchten in den Monaten September und Oktober. Im November, der Monat, in dem vielerorts der Toten gedacht wird, bleiben die Bögen schmucklos. Dies ist eine bewusste Entscheidung der Kaufleute des Prinzipalmarktes, bevor in der Adventszeit die Arkaden durch wunderschöne, dicke Adventskränze einheitlich dekoriert werden und damit schon eine leise Ahnung vom bevorstehenden Weihnachtstrubel vermitteln.

Die Idee, „Münsters gute Stube“, wie der Prinzipalmarkt gern genannt wird, im Herbst mit Laternen zu schmücken, stammt aus den 50er Jahren von Theo Breider, der hier von 1938 bis 1959 Verkehrsdirektor war. Die blauen Eisenlaternen sind eigens für diesen Zweck hergestellt und die bunten Motive sind damals von Schülern aus Münster gemalt worden. An einigen Darstellungen nagte jedoch mittlerweile der Zahn der Zeit und sie sind durch neue kreative

Schöpfungen mit vielfältigem Bezug auf Münsters Stadtgeschichte ersetzt worden. Thomas Zumnorde, der Inhaber des gleichnamigen Schuhgeschäftes am Prinzipalmarkt, berichtet, dass sein Vater die vor seinem Schuhhaus durch Sturm beschädigten Laternen von seinen Töchtern unter mithilfe einer Kunstpädagogin neugestalten ließ. Jetzt sind dort „branchenspezifisch“ bunte Schuhe zu sehen.

Vermutlich ist diese Art der herbstlichen Straßenbeleuchtung in Deutschland einmalig und stellt so ein Alleinstellungsmerkmal für den Prinzipalmarkt dar. Übrigens werden die Laternen je nach Sonnenstand über eine zentrale Uhr eingeschaltet.

Pinkus Müller

Die Brauerei Pinkus Müller ist eine seit 1816 bestehende Familienbrauerei an der Kreuzstraße im sogenannten Kuhviertel. Bei Pinkus Müller werden circa 15 verschiedene Biersorten gebraut, am bekanntesten ist das Altbier (Original Pinkus Alt), das nach einem tradierten Verfahren aus Hopfen, Malz und obergäriger Hefe gebraut wird und durch seinen feinen säuerlichen Geschmack auch zur Herstellung von Bowle geeignet ist. Vor dem Zweiten Weltkrieg gab es in Münster ungefähr 150 Altbierbrauereien mit zumeist angeschlossener Altbierküche, in der man auch eine warme Mahlzeit erhalten konnte. Aber nur eine Altbierbrauerei mit Altbierküche hat bis zum heutigen Tag die Zeiten überstanden und das ist Pinkus Müller. Unterschlagen werden sollen aber nicht die ambitionierten Startup-Brauereien, die in jüngster Zeit in Münster gegründet wurden wie zum Beispiel die Brauerei Dackel, die Finne Brauerei, die Grut-hausbrauerei und das Läuterwerk. Aber nur Biere von Pinkus Müller werden mittlerweile weltweit verkauft: von Amsterdam bis Sydney, von San Francisco bis Seattle.

Der Besuch der Altbierküche Pinkus ist unbedingt empfehlenswert, denn hier wird in absolut uriger Atmosphäre das eigene Bier ausgeschenkt und eine herzhafte westfälische Mahlzeit serviert. Auf der Speisekarte stehen zum Beispiel solche westfälischen Gaumenfreuden wie Töttchen, Pannekoken mit Pillewörmer oder Möppkes- und Liäberbraut mit Schmoräppelkes, Gerichte also, die über jeden modischen Küchentrend erhaben sind. Verwendet werden natürlich ausschließlich Produkte aus der heimischen Region.

Wie kommt aber nun der Name Pinkus Müller zustande? Er geht zurück auf Carl Müller, der mit seiner Frau Regina bis in die 70er Jahre Brauerei und Wirtschaft betrieb. Carl hatte wie sein Vater Johannes eine wunderbar klare Tenorstimme, die er gerne einsetzte, sei es beim Rundfunk, beim Karneval oder bei verschiedenen Konzerten in ganz Westfalen. In München ließ er sich nicht nur in Fragen der Brauereikunst fortbilden, sondern er nahm dort auch

Gesangsunterricht. Als Vater und Sohn einmal in Berlin anlässlich einer Brauereitagung waren, meldete Vater Johannes seinen Junior dort kurzerhand zu einem Gesangswettbewerb an. Und was soll man sagen, Carl war der beste von 17 Teilnehmern und gewann den Wettbewerb. Der Berliner Lokalanzeiger sprach vom „Singenden Bierbrauer aus Münster“.

Wen die musikalische Muse derart küsst, der kann kein Kind von Traurigkeit sein. Und so unternahm Carl im jugendlichen Alter von etwa 16 Jahren mit Freunden einen feuchtfröhlichen Zug durch die Stadt. Was das Bier betraf, so saß er an der Quelle. Schließlich ereilte die Freunde nach so viel Biergenuss ein dringendes Bedürfnis und man kam auf die launige Idee folgende Wette abzuschließen: Wem es gelingen würde eine der damals üblichen Petroleumfunzeln „auszupinkeln“, sollte als Sieger hervorgehen. Es ist nicht schwer zu erraten, dass Carl den Bogen raushatte und diesen Wettbewerb gewann. Daraufhin erhielt er von seinen Freunden den treffenden Spitznamen Pinkulus, welcher schließlich zu Pinkus verkürzt wurde.

Pinkus Müller bei einem seiner Auftritte als singender Bierbrauer

Der tolle Bomberg

Gisbert Freiherr von Romberg erblickte am 20. Juli 1839 das Licht der Welt. Die Familie war eine der reichsten Adelsfamilien in Westfalen und besaß viele Bergwerksanteile im Ruhrgebiet. Der Baron lebte mit seiner Familie größtenteils auf Schloss Buldern in der Nähe von Dülmen im Münsterland. Zur Zeit seiner Geburt konnte man natürlich noch nicht ahnen, dass er als der „tolle Bomberg" in die Annalen der Geschichte eingehen würde. Seine Streiche und Eskapaden wurden durch Josef Winckler in dem gleichnamigen Schelmenroman 1923 veröffentlicht und 1957 sogar mit Hans Albers in der Hauptrolle verfilmt. Wie immer liegen Dichtung und Wahrheit nah beieinander, aber es gibt doch einige Zeugnisse von Rombergs verrückten Geschichten, die vermuten lassen, dass sie sich genauso zugetragen haben wie berichtet. Der Maler Fritz Grotemeyer zum Beispiel malte mit viel Treue zum Detail einige von Rombergs Streichen.

Dazu gehörte auch die Hochzeitsreise des Barons, die er mit seiner jungen Frau Sophie Freiin von Boeselager 1860 unternahm und an die die Braut große Erwartungen knüpfte. Schließlich hatte sie Romberg verraten, dass sie noch nicht viel in der Welt herumgekommen war. Romberg arrangierte eine Kutschfahrt, die das Paar viermal um Münster und immer auf anderen Wegen herumführte. In jeder Ortschaft wurde der Baronin unter großem Beifall der Bevölkerung ein Federtier überreicht. Dazu sollen ein Papagei, ein Kanarienvogel, ein Buchfink, ein Zeisig, ein Starenpärchen und schließlich auch ein klappernder Storch gehört haben. Die junge Frau muss irgendwann verstanden haben, dass ihr Mann sie ordentlich auf den Arm genommen hatte. Die Bewohner einer großen Volière hatte sie auf jeden Fall auf diese Art und Weise beisammen.

Eine weitere amüsante Geschichte geht auf die Angewohnheit des Barons zurück mit dem Zug von Münster nach Hause zu fahren und in Buldern immer die Notbremse zu ziehen, denn dort gab es keinen Bahnhof. Das damit verbundene Strafgeld drückte er dem Schaffner gleich in die Hand und verschwand fröhlich pfeifend über die Wiesen zu seinem Schloss. Einige Bulderner profitierten von dieser Frechheit, indem sie vorher auskundschafteten, wann der Baron wohl mit dem Zug nach Hause fuhr, sodass sie in Buldern gleich mit aussteigen konnten. Man kam schließlich nicht umhin, in Buldern tatsächlich eine Bahnstation einzurichten, die es auch heute noch gibt. Der Baron würde sich vermutlich heute ein Lächeln angesichts dieses Triumphes nicht verkneifen können.

In Münsters Theaterbau von 1956 (Architekt Harald Deilmann u. a.) ist übrigens die Ruine des alten Romberger Hofes, der 1789 in den Besitz der Familie von Romberg überging, auf geniale und geschickte Weise integriert worden.

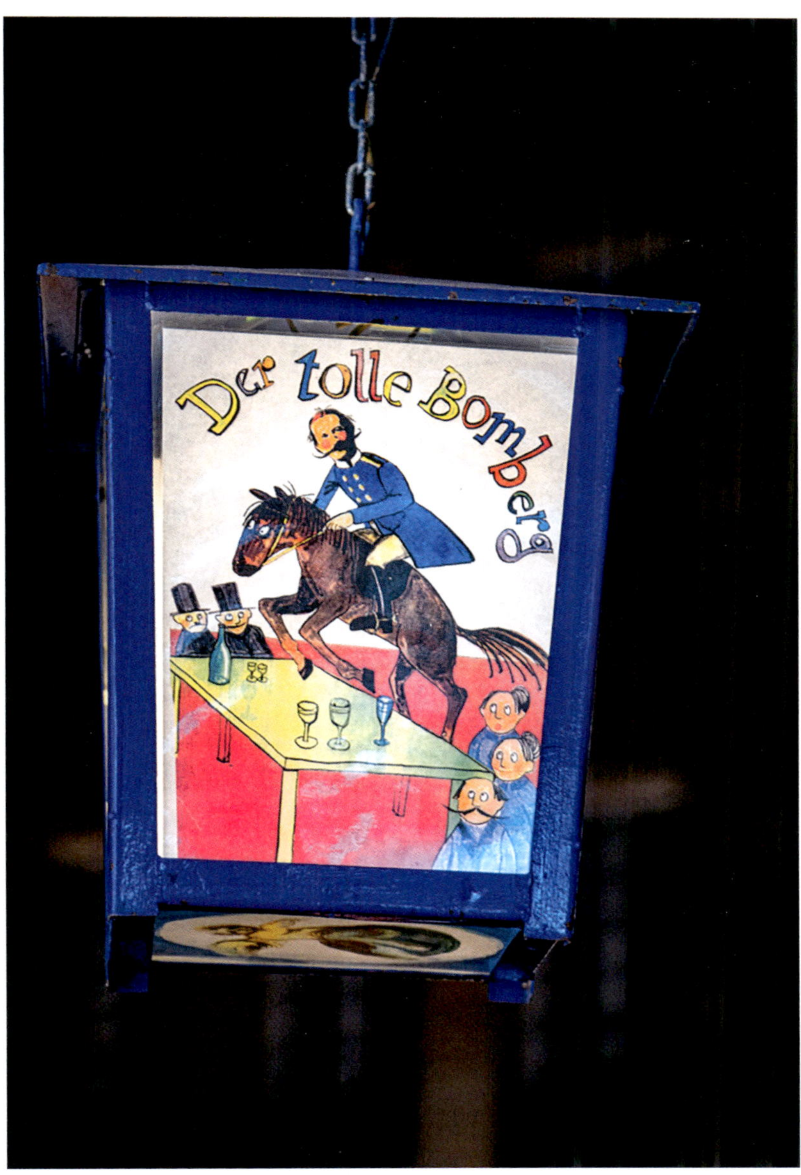

Gisbert von Romberg bei einer seiner Eskapaden in Münster

Professor Hermann Landois

Hermann Landois war eine weitere schillernde Gestalt des 19. Jahrhunderts, die das Zeug zum echten Original hatte. 1835 wurde er in Münster als Sohn des Beamten Theodor Landois und seiner Ehefrau Antoinette geboren. Das Elternhaus befand sich an der Rothenburg 33/34. Noch heute gibt es dort ein entsprechendes Hinweisschild. Wie der französisch klingende Name Landois schon sagt, kamen seine Vorfahren ursprünglich aus Frankreich, und zwar aus Lothringen.

Zunächst besuchte Hermann Landois das Paulinum, eröffnete aber schließlich seinem Vater, dass er seinen Lernschwerpunkt lieber auf die Naturwissenschaften legen wolle und das Lernangebot des humanistisch orientierten Paulinums ihn nicht mehr interessiere. Daraufhin ermöglichte ihm der Vater den Wechsel zum Gymnasium in Recklinghausen, das er als Externer besuchte und wo er 1855 das Abitur absolvierte. 1856 begann Landois dann sein Studium der Theologie und Naturwissenschaften in Münster. Er lebte in dieser Zeit im Priesterseminar. Theologie als Studienfach wählte er aufgrund des Drängens seiner Mutter. In Wirklichkeit schlug sein Herz für die Naturwissenschaft. 1859 beendete er sein Studium in Münster und wurde im Dom zum Priester geweiht. Die Naturwissenschaften ließen ihn jedoch nicht los und er nahm das Studium der Zoologie auf, das er 1863 in Greifswald mit der Promotion abschloss. In Greifswald war sein Bruder Leonhard als Privatdozent im Fachbereich Physiologie tätig. 1865 wurde Landois als Lehrer am Paulinum angestellt. Die Schüler liebten seinen Unterricht, den er durch biologische Lehrpräparate sehr anschaulich gestaltete.

Landois war ein äußerst vielseitig interessierter Mann, der im Laufe seines Lebens über 1000 Schriften veröffentlichte. Er verfasste zahlreiche zoologische Lehrbücher, in denen es ihm immer darum ging, naturwissenschaftliche Kenntnisse auf verständliche Art und Weise zu vermitteln. Aber auch die Heimatkunde auf wissenschaftlicher Basis lag ihm sehr am Herzen. Außerdem veröffentlichte er eine humoristische Romanfolge in plattdeutsch, in der Franz Essink, ein Verwandter, mit dem er eine Zeitlang zusammengewohnt hatte, die Hauptrolle spielte. Andere Schriften trugen den Titel „Über das musikalische Gehör der Pferde“ oder „Über die Flugfähigkeit des Menschen im Vergleich mit Fledermäusen“, auch „Der Hund als Parasitenherberge“ war ihm eine Betrachtung wert.

Wenn die letztgenannten Publikationen heute eher zum Schmunzeln verleiten und für die Nachwelt nicht sehr bedeutsam erscheinen, so hat sich Landois durch die Gründung des Zoologischen Gartens und des Naturkundemuseums in Münster durchaus ein bleibendes Denkmal gesetzt. Übrigens hat Landois tatsächlich noch zu Lebzeiten eine Statue seiner Person in Auftrag gegeben, die er neben seinem Haus, der „Tuckesburg“, aufstellen ließ und bei deren Einweihung er selbst eine Rede hielt. Sie zeigt ihn in seinem geliebten Outfit, das er eigentlich immer trug: Dem schwarzen Gehrock, dem hohen Zylinder, seiner langen Pfeife und dem Knotenstock. Das Besondere an diesem Denkmal: In den Zylinder ließ Landois auf der Rückseite eine Öffnung zu einem Hohlraum als Nistplatz für Vögel einarbeiten. In der Tuckesburg, die ein bisschen an Pippi Langstrumpfs *Villa Kunterbunt* erinnert, lebte Landois mit seiner Nichte, die ihm den Haushalt führte, und seinem Affen Lehmann, mit dem er sich abends immer eine Flasche Bier geteilt haben soll. 1869 habilitierte sich Landois schließlich im Fach Zoologie und erhielt eine Professur an der Akademie Münster. Da kam es schon mal vor, dass der „unwiese Professor“ (der verrückte Professor), wie er gerne genannt wurde, in Holzschuhen, die mit Stroh ausgelegt waren, zur Vorlesung erschien. Landois starb 1905 und wurde auf dem Zentralfriedhof unweit des von ihm gegründeten Zoos beigesetzt.

Als man 2013 überlegte, eine Schule in Münster nach Professor Landois umzubenennen, entbrannte Kritik an den zu Lebzeiten von Landois in Zoologischen Gärten üblichen „Völkerschauen“. Dabei wurden Menschen aus exotischen Ländern wie Tiere zur Schau gestellt und das war auch in Münsters Zoo üblich. Landois hat selbst sein Unbehagen darüber geäußert.: „Es ist ein trauriges Zeichen der

Zeit, dass die Wissenschaft durch derartige Marktausstellungen ihre materielle Grundlage erhalten muß." (Von Landois zum Allwetterzoo: 125 Jahre Zoo in Münster, Michael Sinder; Ralf J. Günther (Hrsg.) Münster 2000, S. 137). Ob Landois also ein „Rassist" gewesen ist, soll an dieser Stelle bezweifelt werden. Festgehalten werden muss hier aber die Tatsache, dass diese leider im 19. Jahrhundert üblichen Völkerschauen zutiefst menschenverachtend waren.

Prof. Hermann Landois ließ sich selbst zu Lebzeiten vor seinem Wohnhaus, der Tuckesburg, ein Denkmal setzen. Das Besondere an diesem Denkmal: Der Hut hat eine Öffnung und bietet Vögeln einen Nistplatz.

Der von Landois gegründete Alte Zoo. Hier ist oben das Elefantenhaus von 1899 zu sehen, das architektonisch einer Moschee nachempfunden wurde.

Auch diese Laterne mit der Darstellung eines Bären in der Art eines Scherenschnittes erinnert an Landois und den Alten Zoo.

Der Allwetterzoo als Nachfolger des Alten Zoos wurde 1974 neu eröffnet. Um die Westdeutsche Landesbank in Münster zu halten, bot man ihr das Grundstück des Alten Zoos an und der Zoo musste in den Westen der Stadt umziehen. Der Vorteil war, dass das neue Zoo-Grundstück fünfmal so groß war und damit ganz andere Planungen möglich waren. Die Idee der Zoo-Architekten, die großen Tierhäuser mit überdachten Wegen zu verbinden, machte ihn zum Allwetterzoo.

Der Allwetterzoo verfügt auch über eine facettenreiche Unterwasserwelt mit über 21 Aquarien. Wer das Besondere liebt, kann hier auch ein Candle-Light-Dinner buchen. Ob es unbedingt Fisch geben muss, lässt sich sicher besprechen.

Annette von Droste-Hülshoff

Annette von Droste-Hülshoff wurde am 10. Januar 1797 als 7- oder 8-Monatskind auf dem Wasserschloss Hülshoff zwischen Münster-Roxel und Havixbeck geboren. Annettes vollständiger Taufname war Anna Elisabeth Francisca Adolphine Wilhelmine Louise Maria von Droste-Hülshoff. Die Frühgeborene hatte eine schwache Konstitution und kaum Überlebenschancen. Dank der liebevollen Pflege und des umsichtigen Bemühens der Amme Catharina Plettendorf schaffte Annette die ersten Lebenshürden, blieb aber ein Leben lang eher schwach und sehr krankheitsanfällig. Ihrer Amme gegenüber ist Annette immer treu geblieben und hat sie sogar bis zum Tod auf Rüschhaus gepflegt. Die Plettendorfin, wie sie liebevoll genannt wurde, verkörperte für Annette Geborgenheit und Vertrauen, während die Mutter, Therese Luise von Droste-Hülshoff, geb. von Haxthausen, von Annette eher Respekt, Gehorsam und die Einhaltung gesellschaftlicher Konventionen einforderte.

Während die Familie der Mutter (die von Haxthausens) in der Nähe von Paderborn (Bökerhof, Bökendorf, Krs. Höxter) beheimatet war, lag Schloss Hülshoff seit Generationen in der Hand der Familie Droste-Hülshoff. Um im Winter jedoch am gesellschaftlichen Leben teilnehmen zu können, besaß die Familie ein Stadthaus in Münster, und zwar am Krummen Timpen. Dieses Haus fiel leider dem Bombenhagel des Zweiten Weltkrieges zum Opfer.

Annettes Vater, Clemens-August II. von Droste zu Hülshoff wurde in der Zeit der napoleonischen Herrschaft zum Bürgermeister der Dörfer Albachten und Roxel bestimmt. Mit diesem Amt, das er von Burg Hülshoff aus ausübte, waren auch polizeiliche Aufgaben verbunden. Als Gutsherr von Burg Hülshoff und der umliegenden Ländereien musste er weitere vielfältige Aufgaben wahrnehmen. Dazu gehörten auch militärische Einquartierungen auf seiner Burg in politisch unruhigen Zeiten. Der mehrfache Machtwechsel (Preußen – Napoleon – Preußen) war in der damaligen Zeit für alle mit großen Herausforderungen verbunden.

Beide Eltern Annettes stammten also aus alteingesessenen westfälischen Adelsfamilien. Dieser Umstand, die damit verbundenen Konventionen, der katholische Konservativismus und das adelige Standesdenken haben Annette als Mensch und als Dichterin geprägt.

Ihrem überaus geliebten Vater hat Annette in dem posthum veröffentlichten Romanfragment „Bei uns zulande auf dem Lande" ein Denkmal gesetzt. Sie beschreibt ihn dort als einen liebenswerten, gütigen und milden Mann, der vielseitig gebildet und künstlerisch begabt war, der gerne las, musizierte, selbst komponierte und sich für Zoologie und Botanik interessierte. Zwar habe er „Mut für drei", bevorzuge aber doch eher das „gedruckte Blutvergießen". Aus jeder Zeile dieser zugewandten Beschreibung spricht die große Liebe der Tochter zum Vater. Die Mutter, der man eher eine gewisse Nüchternheit der Betrachtungsweise und verstandesmäßige Kühlheit nachsagte, habe aber zuhause das Zepter in der Hand gehabt, weil „der Herr eben zu gut sei, um mit der schlimmen Welt auszukommen".

Annette wuchs gemeinsam mit ihrer älteren Schwester Jenny (Maria Anna) und ihren Brüdern Werner Konstantin und Fente (Ferdinand) auf. Ein inniges Verhältnis hatte sie zeitlebens zu Jenny, die auch Freundin und Vertraute war. Auch der jüngere Bruder Fente wurde von Annette sehr geliebt, er war sozusagen das Nesthäkchen der Familie, sein früher Tod durch Tuberkulose im Alter von 29 Jahren traf Annette zutiefst.

Den Elementarunterricht bei ihren Kindern führte die Mutter durch, später wurde einem Hauslehrer der Unterricht übertragen. Zu den unterrichteten Fächern gehörten Französisch, die alten Sprachen Latein und Griechisch, aber auch Mathematik und Naturkunde. Der Augenarzt Prof. Meyer-Schwickerath vermutet in dem Artikel „Das Annette von Droste-Hülshoff-Syndrom" (Stuttgart 1984), dass Annette hochbegabt war. Schaut man auf das außerordentliche dichterische Talent Annettes, ihre hervorragenden Kenntnisse der französischen, englischen, holländischen und lateinischen Sprache, so liegt diese Vermutung nur allzu nah. Auch das musikalische Talent lag in der Familie. Annettes Onkel Maximilian Friedrich von Droste-Hülshoff war ein durchaus erfolgreicher zeitgenössischer Komponist. Er hat Annette musikalisch gefördert und unterrichtet. Was für ein ungeheuer weites Spektrum der Begabungen.

Annette hatte einen riesigen Verwandtenkreis, in dem sie sich bewegte. Außer ihren drei Geschwistern gab es 12 Neffen und Nichten väterlicherseits, mütterlicherseits wurde das Ganze noch überboten durch 14 Onkel und Tanten, 31 Vettern und Kusinen und 41 Neffen und Nichten zweiten Grades. Man kann durchaus von einem Familienclan sprechen. Natürlich pflegte man untereinander vielfältige Kontakte, sei es brieflicher Art oder durch persönliche Begegnungen.

So besuchte Annette als junge Frau auch mehrmals den Bökerhof der Haxthausens im Kreis Höxter und lernte dort die beiden Studenten Heinrich Straube und August von Arnswaldt kennen. Unter all den jungen Leuten, die sich auf dem Bökerhof trafen, herrschte eine ausgelassene Stimmung, es wurde musiziert, gedichtet und es wurden Ausflüge unternommen. Zwischen Annette und Straube entstand ein kleiner Flirt, aber Annette fühlte sich auch zu Arnswaldt hingezogen. Der Leser mag ahnen, dass das nicht gut ausgehen konnte. Arnswaldt und Straube trafen sich in Göttingen, verständigten sich untereinander über die „gewissenlose“ Annette, die offenbar beiden jungen Männern zugetan war, und schrieben ihr einen gemeinsamen Brief, in dem sie ihr unter vielen Vorwürfen die Freundschaft kündigten. Das Ganze, womöglich als Intrige bewusst von der Familie eingefädelt, um der als vorlaut geltenden Annette einen Denkzettel zu erteilen, wurde sowohl in der Familie Droste-Hülshoff als auch bei den Haxthausens zum gesellschaftlichen Skandal hochgespielt und führte bei Annette zu einem schweren Trauma. Nicht Annettes Verhalten war gewissenlos, sondern ihre Zuneigung und die daraus entstandene Verwirrung ihrer Gefühle ist aufs Übelste missbraucht worden. Und die Familie hatte statt Diskretion üble Verleumdung walten lassen. Für Annette hatten diese unschönen Ereignisse zur Folge, dass sie sich scheu zurückzog. Hatte sie sich als junge Frau sicher eine glückliche Ehe und Kinder gewünscht, so blieb sie nun ein Leben lang das adelige Fräulein, das mit allen Einschränkungen im Schoß der Familie blieb.

1826 starb der geliebte Vater im jungen Alter von nur 66 Jahren. Er hatte schon zu Lebzeiten das von Johann Conrad Schlaun erbaute Rüschhaus in Münster-Nienberge als Witwensitz gekauft. Nun erbte Annettes älterer Bruder Burg Hülshoff. Annette zog mit ihrer Mutter, ihrer Schwester Jenny und ihrer Amme in das Landhaus unweit der Burg. Annette hat das Rüschhaus liebevoll ihr „Schneckenhaus" genannt.

Nun schlagen wir ein neues Kapitel in Annettes Leben auf, in dem Levin Schücking eine tragende Rolle spielte. Annette hatte Levin schon als 15-jährigen Jungen kennengelernt, denn er war der Sohn ihrer Freundin, der Dichterin Katharine Busch, die sehr früh verstarb. Schücking hatte in München, Heidelberg und Göttingen Jura studiert, sich aber weniger in diesem Berufsfeld gesehen als in der Schriftstellerei. Als er 1837 als 23-Jähriger nach Münster zurückkehrte, Annette war 17 Jahre älter, schloss er sich der literarischen „Heckengesellschaft" an, zu der auch Annette gehörte. Levin war ein attraktiver junger Mann, der durchaus sein Wort machte und auf Frauen sehr anziehend wirkte. Er schrieb Kritiken für eine Zeitung, was dem ansonsten mittellosen jungen Mann wenigstens etwas Geld einbrachte, doch zum Überleben reichte das kaum.

Zwischen Annette und ihm entstand eine tiefe Freundschaft, die auf beider Liebe zur Literatur beruhte. Einerseits lieferte Annette ihm für seine Veröffentlichungen etliche Beiträge, andererseits sorgte Levin zum Beispiel dafür, dass die Novelle „Die Judenbuche" in der angesehenen Zeitschrift „Morgenblatt für gebildete Leser" des Cotta-Verlages erschien. Und wer erinnert sich nicht an diese Schullektüre, für die ich als Schülerin allerdings wenig Begeisterung empfand. Erst sehr viel später beim zweiten Lesen habe ich begriffen, um was für ein hervorragendes, dichtes Stück Literatur es sich handelt.

Zurück zu Annette und Levin. Die beiden hatten einen jour fixe, den Dienstag, an dem Levin regelmäßig zum Rüschhaus hinauswanderte, um seine Freundin zu treffen. Sicherlich hat Annette ihm so etwas wie mütterliche Geborgenheit gegeben, aber auch das Gefühl als Gesprächspartner in literarischen Fragen auf Augenhöhe ernst genommen zu werden. Und Annette hat sich durch den Zauber seiner Jugend gerne in ihm gespiegelt und neue Lebensfreude empfunden.

Annettes Schwester Jenny schien zunächst auch das Schicksal des alternden adeligen Fräuleins zu ereilen. Durch die Vermittlung ihres Onkels heiratete sie aber schließlich im Alter von 39 Jahren den 25 Jahre älteren Germanisten Joseph von Laßberg, der schließlich die Meersburg am Bodensee kaufte, wo Annette viele Monate ihres Lebens verbrachte. Gesundheitlich sehr geschwächt, tat ihr das mildere Klima gut und sie hatte dort zum ersten Mal etwas, das man Freiheit nennen konnte.

Jenny sorgte auf Annettes Wunsch dafür, dass Levin Schücking 1841 eine Anstellung auf der Meersburg erhielt. Er bekam den Auftrag, die umfangreiche Bibliothek des Freiherrn von Laßberg zu katalogisieren. Es war das erste Mal, dass der 27-jährige Levin eine Festanstellung hatte. Fünf Monate lebte Levin mit Annette auf der Meersburg. Auch wenn Annette ihr bescheidenes Zimmer im Nordostturm hatte und Schückings Zimmer im Südwestturm lag, gestalteten sie ihre Tage gemeinsam. Und trotz allem musste angesichts strenger gesellschaftlicher Konventionen diese Beziehung getarnt und verborgen werden.

Annette und Levin schlossen in dieser Zeit zum Scherz eine Wette ab, wer von beiden eine größere schöpferische Produktivität entfalten würde. An Annettes großer Kreativität kann man ermessen, wie glücklich sie durch das Beisammensein mit ihrem Freund war. Es entstanden in diesen fünf Monaten vierundfünfzig Gedichte (der Zyklus Heidebilder, die Bodensee-Gedichte, Der Knabe im Moor, Die Vergeltung …). Und auch Schücking profitierte von Annette, denn sie arbeitete mit an seinem Roman „Das Stiftsfräulein“. Und dennoch hat Schücking im April 1842 die Reißleine gezogen. Für ihn war die Beziehung zu Annette sicher eher freundschaftlicher Art, keine, die in einer Ehe münden konnte. Vielleicht hat er erkannt, dass Annettes Gefühle tiefer waren und wollte falschen Erwartungen vorgreifen. Und so nahm Schücking das Angebot des Fürsten Wrede in Mondsee an, seine beiden Söhne zu erziehen. Für Schücking war dies nur eine kurze Episode, bevor er im Herbst 1843 Redakteur der renommierten Augsburger Allgemeinen Zeitung wurde.

Annette und Schücking korrespondierten weiterhin miteinander, aber der Kontakt verlor deutlich an persönlicher Herzlichkeit, als Schücking Annette von seinen Heiratsplänen erzählte. Er heiratete 1843 die Schriftstellerin Louise von Gall, die er Annette sogar bei einem zweiwöchigen Besuch auf der Meersburg im Frühsommer 1844 vorstellte. Annette empfand verständlicherweise keine sonderliche Sympathie für Schückings Ehefrau. „...Seine Frau habe ich in Meersburg kennen gelernt; sie ist sehr schön, sehr talentvoll, hat aber auch die Gnade von Gott, dies zu wissen, weshalb sie mir doch nicht recht zu Gemüte wollte ...“ (Annettes Brief an Sophie von Haxthausen am 23. April 1845).

Hatte sich Annettes und Levins Verbindung zueinander durch die Heirat Levins deutlich abgekühlt, so kommt es mit dem Erscheinen von Schückings Roman „Die Ritterbürtigen“ im Jahre 1846 endgültig zum Bruch. Der dreiteilige Roman um ein adeliges Liebespaar, das erst nach vielen Schwierigkeiten zusammenfindet, enthält in den Reden der Hauptfigur, des Valerian von Schlettendorf, viel Sozialkritik, die sich gegen den katholischen Adel richtet. Auch wenn Annette sich in einigen Briefen durchaus gesellschaftskritisch äußerte, hat sie nach außen immer die Fassade des adeligen Fräuleins aufrechterhalten. Schließlich war das der Käfig, aus dem sie nie ausbrechen konnte oder wollte. Man warf ihr nun vor, ihrem Freund viele Intimitäten aus dem Adelskreise anvertraut zu haben, die dieser in seinem Roman aufs Indiskreteste verwendet hat. Annette ist dadurch in ihrem Innersten zutiefst gekränkt worden und hat es nicht geschafft, ihre Verbitterung gegenüber Schücking zu überwinden. Was war bloß aus ihren großen Empfindungen für die „Muse“ ihres Lebens geworden?

Durch weitere Krankheitsphasen geschwächt, verstummte Annette in den letzten zwei Jahren ihres Lebens allmählich. Die äußeren Geschehnisse Deutschlands im März 1848 drangen kaum noch zu ihr durch. Ihr Turmzimmer auf der Meersburg konnte sie nur noch selten verlassen. Am 24. Mai 1848 starb Annette, bis zuletzt liebevoll gepflegt von ihrer Schwester Jenny. Ihr Grab befindet sich auf dem Friedhof Meersburg.

Schücking selbst hat Annette über ihren Tod hinaus eine freundschaftliche Treue bewahrt. 1862 schrieb er, mittlerweile selbst ein bekannter und angesehener Schriftsteller, ein Lebensbild der Droste, in dem er sie als Mensch liebevoll wertschätzte und natürlich ihre dichterische Schaffenskraft würdigte. 1878 schließlich gab er ihre sämtlichen Werke heraus.

Annette ist in ihrem Lebensentwurf den adeligen Konventionen, die sie wie ein Korsett einschnürten, nie entkommen. Obwohl sie ihr eigenes Lebensglück nicht fand, hat sie ihre Nachwelt mit ihrer wunderbaren Dichtung beglückt und lebt in ihren Gedichten fort. Welche Anerkennung und Wertschätzung sie auch heute noch findet, ist an der Eröffnung des Lyrikweges 2021 zwischen ihren Lebensorten Burg Hülshoff und Haus Rüschhaus zu erkennen. Es ist eine Empfehlung, diesen auch mit EU-Mitteln geförderten Weg mit seinen 20 Info-Stationen als eine Verbindung von Natur und Kultur zu entdecken, der mit vielen Gedichten der Droste aufwartet und auch eine Brücke zu zeitgenössischer Literatur schlägt. Durch das Herunterladen der Lyrik-App ist darüber hinaus auch die Möglichkeit eines digitalen Kontextes geschaffen.

Am Turme

Ich steh auf hohem Balkone am Turm,
Umstrichen vom schreienden Stare,
Und lass gleich einer Mänade den Sturm
Mir wühlen im flatternden Haare;
O wilder Geselle, o toller Fant,

Ich möchte dich kräftig umschlingen,
Und, Sehne an Sehne, zwei Schritte vom Rand
Auf Tod und Leben dann ringen!

Und drunten seh ich am Strand, so frisch
Wie spielende Doggen, die Wellen
Sich tummeln rings mit Geklaff und Gezisch,
Und glänzende Flocken schnellen.
O, springen möcht` ich hinein alsbald,
Recht in die tobende Meute,
Und jagen durch den korallenen Wald
Das Walroß, die lustige Beute!

Und drüben seh ich ein Wimpel wehn
So keck wie eine Standarte,
Seh auf und nieder den Kiel sich drehn
Von meiner luftigen Warte;
O, sitzen möcht´ ich im kämpfenden Schiff,
Das Steuerruder ergreifen,
Und zischend über das brandende Riff
Wie eine Seemöwe streifen.

Wär` ich ein Jäger auf freier Flur,
Ein Stück nur von einem Soldaten,
Wär` ich ein Mann doch mindestens nur,
So würde der Himmel mir raten;
Nun muß ich sitzen so fein und klar,
Gleich einem artigen Kinde,
Und darf nur heimlich lösen mein Haar,
Und lassen es flattern im Winde!

Annette von Droste-Hülshoff, 1842

Dieses Gedicht Annettes beschreibt einerseits ihr Sehnen nach Freiheit und ihre Gebundenheit an die adeligen Konventionen andererseits, von denen sie sich zeitlebens nicht befreien konnte, vielleicht auch nicht wollte.

Die Plettendorfin, wie Annette ihre Amme liebevoll nannte. Ohne sie hätte Annette ihre erste Lebenszeit als frühgeborenes Kind wahrscheinlich nicht überlebt.

Annette im blauen Kleid nach einem Gemälde von Johann Josef Sprick aus dem Jahre 1838

Wissenschaftler nehmen an, dass Annette, die als 7- oder 8-Monatskind auf die Welt kam, mehrere Augenleiden hatte: Sie war hochgradig kurzsichtig und hatte vermutlich eine Makula-Degeneration. Mehrere Portraitbilder deuten außerdem auf einen krankhaften Exophthalmus (Hervortreten der Augen) hin. Umso mehr ist ihre gleichmäßige und kleine Schrift, wie dieses einem Faksimile nachempfundene Bild zeigt, zu bewundern. Handschriften der Droste sind seit kurzem erstmals in digitalisierter Form durch die Ausstellung „Droste digital“ auf Burg Hülshoff für das interessierte Publikum zugänglich gemacht.

Der Goldene Hahn

Der Goldene Hahn ist ein historisches Trinkgefäß im Friedenssaal des Rathauses, das auch heute noch besonderen Gästen zum Trunk gereicht wird. Das geht natürlich nur deshalb, weil der Kopf abnehmbar ist und das Innere des Hahnes mit dem Inhalt einer Flasche Wein befüllt werden kann. Aus dem goldenen Hahn haben schon viele prominente Gäste bei einem Empfang im Friedenssaal getrunken: Angela Merkel, Günter Grass, Wladimir Klitschko, der Dalai Lama, Gerhard Richter, Willem-Alexander und Maxima, um nur einige zu nennen. Übrigens, die Flügel des Hahnes sind mit einem Scharnier befestigt und beweglich. Wenn also ein Gast besonders durstig ist und hastig zum Trunk ansetzt, kann es schon mal passieren, dass ihm die Flügel um die Ohren schlagen. Soll schonmal so geschehen sein.

Der Hahn ist eine teilweise vergoldete Silberschmiedearbeit aus Nürnberg aus dem 17. Jahrhundert und soll von einem Ratsherrn aus Münster gestiftet worden sein. Und dies ist die Geschichte, die sich um das wertvolle Stück Federvieh rankt: Münster wurde belagert und die Bevölkerung soll schon regelrecht ausgehungert gewesen sein. Da hörte einer der Ratsherren die Schreie eines Hahnes. Von Hunger getrieben machte er sich leise und vorsichtig an den Vogel heran und versuchte ihn zu fangen. Doch er hatte kein Glück. Der Hahn flog davon und stolzierte auf der Stadtbefestigung auf und ab. Das sahen die Belagerer und entschlossen sich aufzugeben, denn sie vermuteten, dass die Blockade noch endlos dauern könnte. Wenn die Münsteraner sogar noch ihre Hähne fliegen lassen, müssten ja noch ausreichend Vorräte vorhanden sein, so dachten die Belagerer und zogen ab. Auf diese Weise hatte also ein Hahn der Stadt Münster das Leben gerettet. Der besagte Ratsherr stiftete aus Dankbarkeit das wertvolle silberne Gefäß, das nachweislich seit 1744 im Friedenssaal als Willkommensbecher für Ehrengäste benutzt wird.

Der goldene Hahn, der bei Empfängen im Friedenssaal des Rathauses bedeutenden Persönlichkeiten als Trinkgefäß gereicht wird

Das Schloss

Als Clemens August von Wittelsbach 1719 zum Fürstbischof von Münster gewählt wurde, musste er dem Domkapitel und den Ständen das Wahlversprechen geben, in Münster eine repräsentative Residenz zu errichten. Schließlich fehlte eine entsprechende Unterkunft, die auch nach außen Münsters Bedeutung als Residenzstadt untermauert hätte. Das ganze Prozedere um den Schlossbau ging nur schleppend voran, denn der junge Fürstbischof, der gleichzeitig auch Erzbischof von Köln wurde, war ein passionierter Jäger und priorisierte das Ziel, Schloss Augustusburg und das dazugehörige Jagdschloss Falkenlust in Brühl für seine jagdlichen Ambitionen herzurichten. Er verstarb schließlich 1762, ohne dass bis auf ein paar Pläne etwas von dem Versprechen des Schlossbaus in Münster realisiert worden war. Immerhin hat Clemens August aber der Stadt die wunderschöne Clemenskirche mitsamt dazugehörigem Hospital gestiftet.

Seinem Nachfolger Maximilian Friedrich Graf von Königsegg-Rothenfels blieb nichts Anderes übrig, als das alte Wahlversprechen zu erneuern, schließlich ging es darum Münsters großen Mangel zu beheben: Der Residenzstadt fehlte die Residenz. Mit den Plänen zum Schloßbau hatte Clemens August zunächst Johann Conrad Schlaun beauftragt, der als Ingenieur und Artillerieoffizier in militärischen Diensten des Bischofs stand. Erst 1767 konnte jedoch der erste Grundstein gelegt werden. Als Schlaun 1773 starb war immerhin der gesamte Außenbau fertiggestellt. Die Vollendung des Schlosses (1787) übernahm nach Schlauns Tod Johann Ferdinand Lipper, der aus der bekannten Architektenfamilie Pictorius stammte.

Im Grunde genommen ist das Schloss eine Art Anachronismus: Eine fürstbischöfliche Residenz, fertiggestellt zu einer Zeit, als sich die fürstbischöfliche Herrschaft allmählich verabschiedete und neue Zeiten in Münster Einzug hielten: die Säkularisation, die als neue Herrscher preußische weltliche Repräsentanten mit sich brachte. So residierten schließlich der Generalfeldmarschall von Blücher und der preußische Zivilgouverneur Freiherr vom Stein im Schloss.

Aber auch stilistisch kann das Schloss als Anachronismus bezeichnet werden. Es ist noch dem barocken Stilgeschmack mit überschwänglicher Formensprache verpflichtet, obwohl vielerorts schon ein Wandel zu der klareren, eleganteren Architektur des Klassizismus stattgefunden hatte, die sich an Vorbildern der Antike orientierte.

Im zweiten Weltkrieg fast völlig zerstört, wurde zumindest der Außenbau relativ originalgetreu wiederaufgebaut. Heute dient das Schloss als Verwaltungs- und Vorlesungsgebäude der Westfälischen Wilhelmsuniversität. Auch der hinter dem Gebäude liegende Schlossgarten und der Botanische Garten der Uni laden mit ihrem Pflanzenreichtum zu interessanten Spaziergängen ein.

Der riesige Platz vor dem Schloss wird für große Veranstaltungen wie z. B. das Turnier der Sieger, das große Volksfest, den Send, oder Konzerte genutzt. Mittlerweile gibt es Bestrebungen von engagierten Bürgern das Schlossplatzareal aufzuwerten und neu zu gestalten und man darf gespannt sein, wie die weitere Entwicklung sein wird.

Diese Laterne wurde von der Künstlerin Tanja Kiesewalter gestaltet, die in Havixbeck ein Atelier hat. Es handelt sich um eine gelungene Collage, in deren Vordergrund sich das Schloss befindet.

Das ursprünglich als fürstbischöfliche Residenz geplante Schloss, das heute als Verwaltungs- und Vorlesungsgebäude der Westfälischen Wilhelms-Universität genutzt wird.

Radfahren in Münster

Münster gilt als Fahrradstadt schlechthin. Sechsmal hintereinander wurde Münster durch den Fahrradklimatest des ADFC zur fahrradfreundlichsten Stadt in der Bundesrepublik gekürt. 2019 berichteten die WN jedoch „Münster als Fahrradhauptstadt entthront". Es war das erste Mal, dass Münster der Titel streitig gemacht wurde, und zwar durch Karlsruhe. Egal ob erster oder zweiter Platz, festgehalten werden kann, dass die Bedingungen für Fahrradfahrer in Münster ziemlich ideal sind. Meiner Meinung nach sind Fahrradtouren nirgendwo so paradiesisch wie auf Münsters flachen Pättkes, die schier unendliche Möglichkeiten für Frischluftfanatiker bieten und wo man höchstens mal gegen eine Brückensteigung ankämpfen muss. Besonders einladend für Fahrradfahrer ist Münsters Promenade, der grüne Ring, auf dem man auf einer Länge von 4,5 km Münsters Altstadt umrunden kann. Und auf dieser wunderschönen und beliebten Allee, die sich an der Stelle der früheren Stadtmauer befindet, sind nur Fußgänger und Fahrradfahrer erlaubt.

Aber auch an diejenigen, die die Leeze, wie das Fahrrad im Münsteraner Soziolekt Masematte genannt wird, nicht nur in der Freizeit, sondern als Verkehrsmittel zum Job benutzen, ist gedacht. Jede Straße hat auf beiden Seiten neben der Autofahrspur eine rot markierte Fahrradspur. Zur Sicherheit sind an vielen Ampeln Grünphasen für Fahrradfahrer und Autos getrennt geschaltet. Radfahrer haben an vielen Ampeln eine eigens eingerichtete Zone vor den Autos und dürfen bei grün als erstes losfahren. Auf speziell gekennzeichneten Fahrradstraßen sind Autos nur Gast. Das Radwegenetz in Münster erstreckt sich auf ca. 300 km.

Kein Wunder, dass das Fahrrad das beliebteste Verkehrsmittel in Münster ist. Wird man mit dem Auto oft umständlich über Einbahnstraßen ans Ziel geführt und befindet sich aufgrund der Verkehrsdichte im ständigen Stopp and Go, so ist man mit dem Fahrrad oft deutlich schneller unterwegs. Ob im edlen Zwirn zum Theater, mal eben schnell zur Vorlesung in die Uni, mit großzügigen Gepäcktaschen zum Wochenmarkt, im Businessanzug zum Job oder zum Kaffeeplausch bei Freunden nur zwei Straßen weiter, das Fahrrad ist das gebräuchlichste Fortbewegungsmittel in Münster. Ca. 35 % des Verkehrs in Münster erfolgt mit dem Rad.

Für tägliche Fahrten wird nicht das beste Rad benutzt, denn es gibt natürlich auch Fahrraddiebstähle. Mittlerweile soll der Trend bei den Münsteranern zum Zweit- oder sogar zum Drittrad gehen. Räder gibt es für jede Altersklasse und für jeden Verwendungszweck. Die Kleinsten erleben mit großen Augen oder schlafend den Verkehr im Fahrradanhänger hinter dem Rücken ihrer Eltern oder vorne im Lastenrad. Ein bisschen älter geht's schließlich aufs Laufrad auf den Bürgersteig, angeleitet und begleitet von Mama oder Papa. Der Fahrradhelm darf dabei natürlich nicht fehlen.

Die Auswahl an Fahrradtypen, die der Markt zu bieten hat, scheint unerschöpflich zu sein, vom bequemen Liegerad über das gepflegte Cityrad bis zum Mountain Bike mit gut verstecktem E-Antrieb. In einigen Fahrradgeschäften kann man sich sein Fahrrad nach eigenen Wünschen konfigurieren lassen. Verständlich, dass der Preis eines solchen Modells eine Herausforderung für den schmalen Geldbeutel werden kann.

Man fragt sich, wo werden all diese Fahrräder abgestellt. Wer das Chaos der hinter dem Bahnhof abgestellten Fahrräder einmal gesehen hat, weiß, dass das eine berechtigte Frage ist. Auch Fahrradstellplätze sind selten und äußerst begehrt. Um das Problem der wild abgestellten Fahrräder auf dem Bahnhofsvorplatz zu verbessern, wurde dort 1999 das größte Fahrradparkhaus Deutschlands mit einer Stellfläche für heute 3.300 Fahrräder gebaut. Dieses Fahrradparkhaus ist nicht nur ein schlichtes Parkhaus, sondern bietet alle Serviceleistungen rund um das Thema Rad, angefangen von der Reparatur, über die Fahrradwäsche bis zum Leihfahrrad. Die Stellplätze in der Radstation am Bahnhof sind fast immer ausgebucht. Der Bedarf ist so groß, dass an der Ostseite des Bahnhofs eine weitere Station in Planung ist. Auch in der Innenstadt gibt es mittlerweile mit den Radstationen an der Stubengasse und an den Münster Arkaden Möglichkeiten, sein Fahrrad gut und sicher abzustellen.

Bei allen positiven Berichten über Münsters Fahrradverkehr gibt es auch ein paar negative Punkte. Der Fahrradanfänger sollte sich nicht gleich in Münsters Fahrradgetümmel in die Innenstadt wagen, sondern lieber erst auf ruhigeren Wegen außerhalb üben. Es wird in Münster schnell und leider manchmal auch rücksichtslos Fahrrad gefahren. Und … Autofahrer und Radfahrer mögen sich gegenseitig nicht. Das gilt auch immer, wenn der Autofahrer zum Radfahrer oder der Radfahrer zum Autofahrer wird. Wer als Autofahrer von außerhalb kommt und mit den Gepflogenheiten des Radverkehrs in Münster nicht vertraut ist, wird sich nach einer Fahrt in der Stadt die Schweißperlen von der Stirn wischen und ein Gebet zum Himmel schicken mit einem Danke, dass er keinen Radfahrer aufgegabelt hat.

Bei diesem historischen Fahrradmodell ist es augenscheinlich, dass das Aufsteigen eine sportliche Herausforderung war. Man musste nebenherlaufen, um eine gewisse Geschwindigkeit zu erreichen und dann aufspringen. Dennoch waren diese Hochräder Ende des 19. Jahrhunderts auch in Münster sehr beliebt.

Mit Kind und Kegel auf dem Fahrrad unterwegs

Auch Himmelsbräute benutzen in Münster das Fahrrad als Fortbewegungsmittel.

Es ist nicht immer ganz einfach, in Münster einen geeigneten Parkplatz fürs Fahrrad zu finden.

Amalie von Gallitzin und die 'familia sacra'

Amalie von Gallitzin ist eine historische Persönlichkeit, die im Münster des ausgehenden 18. Jahrhunderts eine große Rolle im Kreise von führenden Gelehrten der Aufklärung spielte. Obwohl im Jahre 1748 in Berlin geboren, wählte sie Münster und die ländliche Idylle des Dorfes Angelmodde vor den Toren Münsters zu ihrer Wahlheimat. In Münster mietete sie zunächst ein Haus in der Grünen Gasse, das sie später kaufte. In den Sommermonaten bevorzugte sie jedoch das Leben auf dem Lande und bezog mit ihren beiden Kindern Marianne (genannt Mimi) und Dimitrij (genannt Mitri) ein kleines Kötterhaus in Angelmodde. Das heutige Gallitzin-Haus in Angelmodde ist jedoch nicht das Originalhaus, in dem sie lebte, sondern im Jahre 1993 zum Gedenken an Amalie von Gallitzin und darüber hinaus als kultureller Treffpunkt hergerichtet worden.

Amalie von Gallitzin wurde als Tochter des preußischen Feldmarschalls Reichsgraf Samuel von Schmettau geboren. Bei den von Schmettaus handelte es sich um ein altungarisches Adelsgeschlecht. Die Familie war im 16. Jh. nach Schlesien ausgewandert und zum Protestantismus konvertiert. Amaliens Mutter war Maria Anna Freiin von Riffer, Graf von Schmettau heiratete sie in zweiter Ehe. Das Ehepaar entschloss sich Amalie nach dem Glauben der Mutter katholisch erziehen zu lassen, obwohl sie protestantisch getauft war. Deshalb wurde sie in das Ursulinenkloster nach Breslau geschickt, in dem sie 8 Jahre ihrer Kindheit mit kleinen Unterbrechungen verbringen musste.

Als sie als Teenager nach Berlin zurückkehrte, war die Mutter unzufrieden mit ihren Umgangsformen, die den in angesehenen Kreisen üblichen Schliff vermissen ließen. Und so wurde sie in Berlin ins Pensionat geschickt, das von einem Franzosen, Monsieur Premonval, ein rechter Freigeist, geleitet wurde. Dort lernte sie, was eine junge Frau brauchte, um auf dem Heiratsmarkt erfolgreich zu sein. Das aufgeweckte, intellektuell anspruchsvolle junge Mädchen strebte jedoch stärker nach Entwicklung ihrer geistigen Fähigkeiten, und so lieh sie sich ohne Wissen ihrer Mutter bei einem Buchhändler Bücher aus, die dieser ihr empfahl. Sie erhoffte sich durch diese Lektüre ihre Bildung zu erweitern. Erst sehr viel später jedoch sollte ihr Streben in diese Richtung durch den Umgang mit gelehrten Persönlichkeiten entsprechende Nahrung erhalten.

Als sie 17 Jahre alt wurde, hielt die Mutter es für an der Zeit sie zu vermählen. Das erste Verlöbnis ging jedoch in die Brüche, weil man einem betrügerischen Aristokraten aufgesessen war, der sich als wohlhabend ausgegeben hatte. Nach der Auflösung des Verlöbnisses wurde Amalie als Hofdame bei Prinzessin Luise von Preußen, der Schwägerin Friedrich des Großen, engagiert. Man schätzte Amalies natürliches und unbefangenes Auftreten, das im starken Gegensatz zu den sonst üblichen übertriebenen und gezierten Umgangsformen am Hofe stand. Amalie hatte eine Vorliebe für ernsthafte, ja philosophische Gespräche und drängte immer nach Erweiterung ihrer geistigen Kenntnisse.

1768 begleitete Amalie die Prinzessin auf einer Reise nach Aachen, wo sie eine Zeitlang verweilten. Dort machte Fürst Dimitrij Alexejewitsch Golizyn (zu Deutsch: Gallitzin), der sich auf der Durchreise von Paris nach St. Petersburg befand, der Prinzessin seine Aufwartung und lernte dabei auch Amalie kennen, in die er sich verliebte. Schon kurze Zeit später hielt der 30-jährige Fürst um Amalies Hand an. Amalie war wohl nicht wirklich in Gallitzin verliebt, aber sie fand ihn durchaus sympathisch und erhoffte sich mit ihm gemeinsam intellektuell zu wachsen. Erst später entdeckte sie, dass der Fürst sich zwar durchaus in gelehrten Kreisen bewegte, selbst aber eher recht oberflächlich war.

Amalie heiratete den Fürsten am 10. August 1768. Bevor Gallitzin einen Gesandtschaftsposten am holländischen Hof in Den Haag annahm, verbrachte das Paar etwa zwei Jahre in Berlin, wo auch die beiden Kinder in den Jahren 1769 und 1770 geboren wurden. Anfangs widmete sich Amalie in Den Haag den in ihren Kreisen üblichen gesellschaftlichen Verpflichtungen und ging auch zunächst in ihrer Rolle auf. Sehr schnell bemerkte sie aber die Oberflächlichkeit des gesellschaftlichen Geschehens um sie herum. Von nun an widmete sie sich ausschließlich ihren beiden Kindern und deren Erziehung. Mit Einverständnis ihres Mannes, der vermutlich dachte, dass sich Amalies Ambitionen wieder legen würden, mietete sie sich einige einfache Zimmer in einem kleinen Bauernhaus am Rande von Den Haag und ließ über der Eingangstür ein Schild mit der Aufschrift „Nithuis“ (Nicht zu Hause) anbringen, um ungebetene Besucher abzuhalten. Im Grunde genommen vollzog sie von diesem Zeitpunkt an eine Art Trennung von ihrem Mann, der sie und die Kinder jedoch weiter finanziell großzügig unterstützte und ihr alle Freiheiten gab, die sie zur Umsetzung ihrer pädagogischen Ideen brauchte. Er besuchte Amalie und die Kinder regelmäßig und hatte volles Vertrauen zu ihrer Rolle als Mutter.

Amalie versuchte ihre Kenntnisse in allen Bereichen zu erweitern, um ihren Kindern eine gute Lehrerin zu sein. Sie widmete sich durch das Studium von Plato und Sokrates auch der klassischen Philosophie und erhielt dabei Hilfe von Franz Hemsterhuis, einem niederländischen Philosophen, mit dem sie sich anfreundete. Er nannte Amalie in Anspielung auf eine kluge Priesterin in einem Dialog Platons seine „Diotima“ und sie im Gegenzug nannte ihn ihren „Sokrates“. Hemsterhuis machte sie auf die Reformschriften von Franz Freiherr von Fürstenberg aufmerksam, der im Fürstbistum Münster als Minister tätig war und es sich zur Aufgabe gemacht hatte, das gesamte Bildungswesen zu reformieren. Für ihn war Bildung nicht einfach die Anhäufung singulärer Kenntnisse, sondern die Vervollkommnung des Menschen auf christlicher Grundlage. So ging es ihm – ganz im Sinne der Aufklärung – darum, alle Menschen durch gute Volkserziehung zu tüchtigen und verantwortungsvollen Staatsbürgern heranzubilden. Amalie war begeistert von dem, was sie über Fürstenberg hörte und las und entschloss sich für ein Jahr nach Münster zu kommen, um mit Fürstenberg in Kontakt zu treten und dessen Ideen besser kennenzulernen. Aus diesem einen Jahr sind letztendlich sieben Jahre geworden, denn Amalie blieb bis zu ihrem Tod im Jahre 1806 in ihrer neuen Wahlheimat.

Rein äußerlich hatte sich die Fürstin im Vergleich zu ihrem Auftreten in den ersten Jahren ihrer Ehe stark verändert. War sie zunächst noch elegant und vornehm der neuesten Mode verpflichtet, was Kleidung und Haare betraf, änderte sich dies mit ihrem Rückzug ins Nithuis. Sie trug die Haare nun nicht mehr zur kunstvollen Frisur aufgetürmt, sondern kurz geschnitten in natürlichen Locken. Ihre Kleider waren keine Ungetüme mehr mit ausladendem Reifrock und eng geschnürter Taille, sondern aus einfacher Baumwolle oder Leinen, bequem und schlicht herunterfallend nach fast altgriechischem Vorbild. Diese Veränderung war das äußerliche Zeichen, dass Amalie nun ihren eigenen Weg gehen wollte. Es war für eine Frau dieser Zeit äußerst mutig, sich gegen die Normen der vornehmen Gesellschaft zu stellen, die mit Spott über die neue Lebensart der Fürstin nicht geizte und es für skandalös hielt, dass eine Aristokratin ihre Kinder selber erzog.

Ihre Kinder nach bestem Wissen und Gewissen zu guten und wahrhaften Menschen zu erziehen, das hatte die Fürstin sich zur Lebensaufgabe gemacht. Zunächst hat sie den Unterricht alleine erteilt, zog aber nach dem Rat ihrer Freunde später erfahrene Lehrer hinzu. Ganz wichtig war der Fürstin, dass ihre Kinder zu allem theoretischen Wissen auch geschickt in den Sportarten waren. So schreibt ein Besucher einmal über die fürstlichen Kinder: „Diese verrichten die schwersten Leibesübungen mit der größten Leichtigkeit: Der Prinz klimmt auf einen haushohen, ganz abgeschälten Baum und schlägt, wenn er oben ist, die Füße und Hände wechselweise zusammen: Die Prinzessin sowohl als er springen über 4-1/2 Fuß hohe Stangen, gehen auf dem Seile, Reiten und setzen über erhöhte Stäbe, springen in allen möglichen Wendungen auf ein hölzernes Pferd, fechten, tanzen, jagen, schwimmen, gehen barfuß und in einem leinenen Kleide, Winters wie Sommers, und sehen dabei aus wie das Leben selbst. Sie sind ungewöhnlich freimütig, ohne Affektation und Fürstengeblütswahn." (Projekt Gutenberg, Hanny Brentano, Amalie Fürstin von Gallitzin, Kapitel: Die Fürstin Gallitzin als Mutter, Wien 1909)

Amalie von Gallitzin ist es gelungen, viele gelehrte Köpfe ihrer Zeit um sich zu versammeln. Im Geiste der katholischen Aufklärung trafen und diskutierten in ihrem Haus regelmäßig der bereits erwähnte Minister Franz Freiherr von Fürstenberg, der Schulreformer Heinrich Overberg, der ihr Berater in allen christlichen Fragen war und auch ihr Beichtvater wurde, die Brüder Droste-Vischering, die Eltern der Dichterin Annette von Droste-Hülshoff, der Philosoph Johann Georg Hamann, der bei einem Besuch in ihrem Hause plötzlich verstarb und den sie in ihrem eigenen Garten begraben ließ, der Dichter und Jurist Anton Matthias Sprickmann, der der Mentor von Annette von Droste-Hülshoff wurde, die Mutter des späteren Politikers Johann Hermann Hüffer, Maria Sophia Francisca Hüffer, geb. Aschendorff, um nur einige bedeutende Persönlichkeiten zu nennen. Die intensive Verbundenheit mit Gott, karitative Werke, die aus dieser Verbundenheit resultierten, vernunftbestimmter Fortschritt gegen überkommene Strukturen und eine damit verbundene Reformorientierung zeichneten diesen Kreis aus, der von den Zeitgenossen liebevoll ´familia sacra` genannt wurde.

Goethe, der im Jahre 1792 die Fürstin und ihren Kreis besuchte, schrieb über diese Begegnung: „Den Zustand der Fürstin, nahe gesehen, konnte man nicht anders als liebevoll betrachten; sie kam früh zum Gefühl, dass die Welt uns nichts gebe, dass man sich in sich selbst zurückziehen, dass man in einem innern, beschränkten Kreise um Zeit und Ewigkeit besorgt sein müsse. … In einer solchen zarten Umgebung wär´ es nicht möglich gewesen, herb oder unfreundlich zu sein; im Gegenteil fühlt´ ich mich milder als seit langer Zeit, und es hätte mir wohl kein größeres Glück begegnen können, als daß ich nach dem schrecklichen Kriegs- und Fluchtwesen endlich wieder fromme, menschliche Sitte auf mich einwirken fühlte.“ Goethe spricht von den Wirren der Revolutionskriege, die nicht unerhebliche Auswirkungen für Deutschland hatten, da das Land von vielen Revolutionsflüchtlingen schutzsuchend aufgesucht wurde. Die Fürstin und Fürstenberg unterstützten viele katholische Emigrierte, vor allem Kleriker und Adlige, die in dieser Zeit massenhaft nach

Westfalen strömten und in Münster Aufnahme und fürsorgliche Hilfe fanden.

Amalie von Gallitzin starb am 27. April 1806 und wurde auf dem Angelmodder Dorffriedhof begraben, ihrem Wunsch entsprechend dort, wo die Armen ihre letzte Ruhestätte finden.

Das Schicksal von Amalies Kindern muss unbedingt noch erwähnt werden. Prinz Dimitrij ging 1792 nach Amerika, er begleitete einen Seelsorger, der in Amerika missionarisch tätig war. Mitri, der sich auf Empfehlung seiner Mutter bescheiden Augustin Smith nannte, um nicht aristokratisch überheblich zu wirken, entschloss sich Priester zu werden und als Missionar in Amerika zu wirken. Tatsächlich sollte er nach seiner Abreise seine Heimat Deutschland und seine Mutter nie wiedersehen, stand aber immer im innigen Briefkontakt mit ihr. Mitri gründete eine katholische Siedlung im westlichen Pennsylvania, die er nach dem italienischen Wallfahrtsort Loreto benannte und die sich zu einem prosperierenden kleinen Städtchen entwickelte. Bei seinem Tod im Jahre 1840 zählte der von ihm betreute Distrikt um Loretto ca. 10.000 Katholiken, ein gewaltiger Zuwachs, wenn man bedenkt, dass bei Gallitzins Ankunft dort gerade mal ein halbes Dutzend Katholiken lebte.

Marianne Gallitzin, (Mimi) blieb bei ihrer Mutter bis zum Tod der Fürstin und ging schließlich in ein Kloster, in dem sie ein bescheidenes und gottergebenes Leben bis zu ihrem Tod führte.

Amalie von Gallitzin im Kreise ihrer „familia sacra“

Freiherr Franz von Fürstenberg

Franz Friedrich Wilhelm Maria von Fürstenberg wurde am 7. August 1729 auf Schloss Herdringen bei Arnsberg als Spross eines alten westfälischen Adelsgeschlechts geboren. Die Familie war sehr wohlhabend und besaß Besitztümer von der Weser bis zur Maas. Zunächst wurde er gemeinsam mit seinem Bruder Franz Egon von Privatlehrern unterrichtet. 1746 gingen die beiden Brüder an die Jesuitenschule in Köln, Franz Friedrich war da 17 Jahre alt. Weitere Studien in Salzburg und Rom schlossen sich an.

1748 wurde er Domkapitular in Münster und Paderborn. Fürstenberg, der ein sicheres und weltgewandtes Auftreten hatte und fließend Englisch und Französisch sprach, wurde 1762 vom Kurfürsten Maximilian Friedrich von Königsegg-Rothenfels zum Minister im Hochstift Münster ernannt, 1770 schließlich wurde er Generalvikar. Das Land war durch den 7-jährigen Krieg (1756 – 1763), in dem Münster und das Münsterland oft Schauplatz der kriegerischen Auseinandersetzungen zwischen Preußen und Hannover auf der einen Seite und Österreich und Frankreich auf der anderen Seite war, zutiefst in Mitleidenschaft gezogen.

Durch geschickte politische Maßnahmen gelang es Fürstenberg, dem maroden Land zu einem positiven Aufbruch zu verhelfen. Die ärmeren Bevölkerungsschichten wurden vom Steuerdruck befreit, das Bildungssystem wurde reformiert und jedem zugänglich gemacht, die Lage des Bauernstandes wurde verbessert, Ackerbau und Gewerbe wurden gefördert und zur Leistungsstärke geführt, das Militärwesen wurde reformiert, eine Militärakademie aufgebaut und schließlich eine hochmoderne Medizinalordnung erlassen, die in Deutschland ihresgleichen suchte. Fürstenberg sorgte durch Schleifung der Stadtbefestigung zudem dafür, dass Münster eine offene Stadt wurde, auf deren ehemaliger Wallanlage nun Spaziergänger flanieren konnten.

1773 wurde auf Veranlassung Fürstenbergs die Universität in Münster gegründet. Noch heute erinnert auf dem Platz vor dem

Fürstenberghaus an der Pferdegasse die von Heinrich Fleige geschaffene lebensgroße Bronzestatue an den angesehenen Universitätsgründer. Als Fürstenberg sich 1780 selbst um den Fürstbischofsstuhl bewarb, unterlag er Max Franz von Österreich und wurde als Folge aus seinem Ministeramt entlassen. Obwohl er so viel für die Entwicklung der Stadt Münster und des Umlandes getan hatte, hat er diese Niederlage mit großer Würde getragen. Das Amt des Generalvikars und die Aufsicht über das Schulwesen ist ihm bis 1807 geblieben. Hier ist besonders anzuerkennen, dass er die Schulpflicht für alle Kinder vom 7. bis 14. Lebensjahr einführte. Bei allen erzieherischen Maßnahmen ging es ihm immer darum nach dem Besten im Menschen zu streben und verantwortungsvolle Staatsbürger heranzubilden. Er war eng verbunden mit der „familia sacra", dem genannten christlichen Kreis um Amalie von Gallitzin. Fürstenberg starb 1810 im Alter von 81 Jahren. Er wurde auf dem Überwasserfriedhof in Münster bestattet. Seit 1929 befindet sich sein Grab auf dem Domherrenfriedhof des St.-Paulus-Doms zu Münster.

Die Statue des Freiherrn Franz von Fürstenberg steht neben dem Fürstenberghaus am Domplatz.

St. Ludgerus

Liudger wurde etwa 742 in einem kleinen Ort in der Nähe von Utrecht geboren. Er war der Sohn christlicher Eltern (Thiadgrim und Liafburg), die zu einem weitverzweigten friesischen Adelsgeschlecht gehörten. Liudger, für den schon früh die geistliche Laufbahn bestimmt war, besuchte zwischen 756 und 767 die Utrechter Domschule. Um seine theologischen Studien zu vertiefen, reiste Liudger 767 nach York, wo der christliche Gelehrte Alkuin ihn unterrichtete. Dort erhielt Liudger im selben Jahr die Weihe zum Diakon. 10 Jahre später (777) wurde er in Köln zum Priester geweiht und begann in seiner friesischen Heimat mit der Missionierung zum christlichen Glauben. Karl der Große hatte ihm die Missionsleitung für das mittlere Friesland übertragen. Sein Engagement als Missionar musste aber durch den Sachsenaufstand Widukinds beendet werden.

792 wurde Liudger von Karl in das heutige Münsterland, damals das Gebiet der westlichen Sachsen, mit dem Auftrag der Christianisierung gesandt. Er gründete in der sächsischen Siedlung Mimigernaford auf dem heutigen Platz des Domes ein Kloster. Den Platz für sein Kloster wählte er gut, denn er war gegenüber der Umgebung etwas erhöht (Horsteberg) und bot deshalb Schutz vor möglichen Überschwemmungen durch den Fluss Aa, der sich am Fuße des Horsteberges befand. Ein weiterer strategischer Vorteil: die Aa konnte dort besonders gut überquert werden, ermöglicht wurde dies durch eine Furt, eine besonders seichte Stelle. Die Endsilbe des Namens `Mimigernaford` beinhaltet einen versteckten Hinweis auf diese `Furt`. Übrigens: das lateinische Wort `monasterium` für Kloster ist der Ursprung des späteren Stadtnamens Münster.

Liudger wurde 805 zum Bischof ernannt und Münster erhielt damit den Rang eines Bischofssitzes, den es bis auf den heutigen Tag behalten hat. 809 starb Liudger in Billerbeck, beerdigt wurde er jedoch in Werden, wo er auch ein Kloster errichtet hatte, das lange unter der Regie von Liudgers Familienmitgliedern, den sogenannten `Liudgeriden`, blieb.

Im Gegensatz zu Karl dem Großen, der die Missionierung durchaus mit Feuer und Schwert betrieb, blieb Liudger seinem friedlichen Missionsstil treu. Durch Predigten und vorbildliche Lebensführung christianisierte er die Bevölkerung, die an Götter wie Donar, Wotan oder Saxnot glaubte, der Zaubersprüche und Naturheiligtümer nicht fremd war und die trotz Taufe oft auch weiterhin auf die Gunst ihrer alten Götter setzte. Im Gegensatz zu Karl war Liudger der Ansicht, dass die Menschen nicht durch Massentaufen bekehrt werden sollten. Eine Taufe sollte einzeln und nur nach vorheriger gründlicher Glaubensunterweisung erfolgen. Mit diesem Idealbild trat Liudger Karls Missionsmethode durchaus kritisch gegenüber.

Liudger wird oft mit einem Kirchenmodell in der Hand und Gänsen zu seinen Füßen dargestellt, so auch auf einer der geschnitzten Schranktüren im Friedenssaal. Das Liudgerbild dieses Schrankes findet sich auch auf einigen Laternen wieder. Die Gänse haben nach der Heiligenlegende folgende Bedeutung: Liudger besuchte einen Bauernhof in Billerbeck, wo der Bauer klagte, dass seine Gänse auf den frisch eingesäten Äckern die Saat auffressen würden und er deshalb kaum ertragreich arbeiten könnte. Liudger riet ihm, die Gänse in den Stall zu bringen. An einem der nächsten Tage rief der Bauer seinen Gänsen zu: "Kommt alle in den Stall! Liudger befiehlt es euch." Wie von Zauberhand watschelten die Gänse eine nach der anderen in den Stall. Einige Zeit später klagte der Bauer über Wassermangel. Und wieder konnte Liudger helfen. Er nahm zwei Gänse, steckte ihre Köpfe in die Erde und befahl ihnen, dort nach Wasser zu graben. Mit Erfolg. Die Gänse aber sollen erst wieder an der Stelle des heutigen Ludgerusbrunnen in Billerbeck aufgetaucht sein, wo seitdem eine klare Quelle entspringt. An dieser Stelle hat Bischof Clemens August von Galen, der als „Löwe" von Münster wegen seines Widerstandes gegen die Nazis bekannt geworden ist, am 15. April 1934 vor circa 18.000 Jugendlichen die erste Predigt gegen das Nazi-Regime gehalten. Die von Bernhard Meyer geschaffene Ludgerusfigur am Brunnenrand trägt deshalb die Züge von Clemens August.

Liudger mit dem Modell seiner Kirche und den Gänsen, so auch dargestellt auf einem der geschnitzten Schränke im Friedenssaal

Bischofsweihe des heiligen Liudger im Jahre 805. Damit wurde Münster zum Bistum.

Der Send

Dreimal im Jahr findet ein traditioneller Jahrmarkt auf der großen Freifläche vor dem Schloss statt, und zwar im Frühling, Sommer und im Herbst. Diese Kirmes heißt in Münster *Send* und leitet sich von dem Wort Synode ab, eine Versammlung, bei der der Bischof den Klerus des Landes in regelmäßigen Abständen zur Beratung zusammenrief. Aber es kamen aus diesem Anlass auch viele Laien nach Münster, die als Schausteller oder fliegende Händler unterwegs waren. An diesen Tagen waren die Vorrechte der einheimischen Händler aufgehoben und es durften auch fremde Kaufleute ihre Waren anbieten. Die auswärtigen Händler wurden zu diesem Zeitpunkt unter den Schutz des Bischofs gestellt, d. h. es herrschte ein besonderer Marktfriede.

Der Send blickt auf eine über 1000-jährige Tradition zurück. Auch heute noch gibt es außer einem großen Angebot an Fahrgeschäften und Imbissbuden einen besonderen Teil auf dem Send, auf dem Händler ein breites Spektrum an Haushaltswaren feilbieten. Fünf Tage dauert das Sendspektakel, das am ersten Tag mit einem großen Feuerwerk eröffnet wird, zu dem viele Besucher aus dem ganzen Münsterland anreisen.

Gut sichtbar wird an der linken Seite der Rathausfassade an Sendtagen das Sendschwert aufgehängt. Es soll die Besucher ermahnen Frieden zu bewahren. Wer dem zuwiderhandelt, könnte mit dem Schwert bestraft werden, so die symbolisch zu verstehende Bedeutung des Schwertes. Leider wurde das Originalschwert vor etlichen Jahren gestohlen. Nun wird immer eine Kopie aufgehängt, die zusätzlich mit einer Kette gesichert ist.

Der große Jahrmarkt auf dem Schlossplatz, der in Münster Send genannt wird

Der Kiepenkerl

Ein typisches westfälisches Symbol vergangener Zeiten ist der Kiepenkerl, der am Spiekerhof als Statue seinen besonderen Platz gefunden hat und dem dortigen Viertel seinen Namen gibt. Und nicht nur dem Quartier, sondern auch den dort ansässigen traditionellen Lokalen Großer und Kleiner Kiepenkerl. Der Kiepenkerl als Sendbote zwischen Stadt und Land trug in seinem als Kiepe bezeichneten Korb allerhand Waren des täglichen Bedarfs auf dem Rücken. In der Stadt wurden diese Güter meistens an Markttagen verkauft, auf die Höfe brachte der Kiepenkerl die Ware in der Regel auf Bestellung. Laut einer Schrift aus dem Jahre 1715 „Der vergnügliche Zeitvertreib" konnte die Kiepe eines Kiepenkerls zum Beispiel folgende nach heutigem Stand eher kurios zu nennende Waren enthalten: Zündhölzer, Kristallbrillen, Tupfer, die nach Moschus riechen, Schnurrbartbürsten, Zahnpuder, Fläschchen mit Kölnisch Wasser, Schnupftabakdosen, hübsche Elfenbeinzähne für eine zahnlose Magd, Mausefallen …. Es liegt auf der Hand, dass Kiepenkerle beliebte Gesprächspartner waren und viele Nachrichten überbrachten. Schließlich kamen sie viel herum. Und so sollen angeblich viele bäuerliche Ehen durch ihre Vermittlung entstanden sein.

Die ursprüngliche 1,75 m hohe von August Schmiemann aus Gips geschaffene Skulptur mit ihrem für die Kiepenkerle typischen Knotenstock, der Pfeife und dem „Elbsegler" auf dem Kopf wurde im Oktober 1896 feierlich eingeweiht. Sie überstand schadlos die Luftangriffe auf Münster am 10. Oktober 1943, was von den Nationalsozialisten zu Propagandazwecken missbraucht wurde. Ein Plakat der Nazis titelte „Trotzdem und dennoch – Wi staoht fast!" Nachdem die Figur beim Einmarsch der US-Armee zerstört wurde, beauftragte die Stadt den Bildhauer Albert Mazzotti und dessen Kollegen Heinrich Ostlinning die ursprüngliche Figur originalgetreu aus Bronze nachzubilden. Im September 1953 wurde diese Statue dann von Bundespräsident Heuss feierlich eingeweiht. Dort steht sie nun bis auf den heutigen Tag und verleiht dem Viertel seinen besonderen Charakter.

Ein unschönes Ereignis soll zum Ende hin nicht verschwiegen werden: Am 7. April 2018 wurde das Kiepenkerlviertel zur Zielscheibe einer Amokfahrt. Ein 48-jähriger Mann lenkte einen Kleinbus in eine Gruppe von Menschen, die sich im Außenbereich der dortigen Lokale aufhielten. Vier Menschen wurden dabei getötet, viele wurden schwer verletzt. Der Täter erschoss sich nach der Tat. Man vermutete einen erweiterten Selbstmord.

Einer der in Münster und dem Umland tätigen Kiepenkerle mit den traditionellen Accessoires: dem blauen Kittel, dem roten Halstuch, der Pfeife, dem Knotenstock, der auch als Maßstab diente, der blauen Mütze und natürlich der Kiepe auf dem Rücken. Unten sind drei Portraits von bekannten Kiepenkerlpersönlichkeiten zu sehen.

Der Prinzipalmarkt

Der Prinzipalmarkt wird von den Münsteranern auch liebevoll „Münsters Gute Stube" genannt und ist unbestritten die schönste Einkaufsstraße von Münster, eben – wie der Name „Prinzipal" schon sagt - der Hauptmarkt. Sie bildet einen sanften Bogen um den Bereich der früheren Domimmunität, des Einflussbereiches des Bischofs und des Klerus, und wird durch weitere attraktive Einkaufsstraßen wie der Rothenburg auf der einen und dem Roggenmarkt auf der anderen Seite verlängert. Durch die Immunitätsmauer hinter den Häusern des Prinzipalmarktes wurde die ruhige geistliche Welt des Domes von der lärmenden bürgerlichen Welt des Handels getrennt. Nur vier Tore ermöglichten damals den Zugang zum Dombereich, der entstehungsgeschichtlich die Keimzelle der Stadt Münster ist.

Zunächst säumten den Prinzipalmarkt einfache Holzhäuser. Nachdem im 14. Jahrhundert die Einwohnerzahl und der Platzbedarf stark angestiegen war, erhielten die Häuser mehrere Stockwerke und es entstanden durch das Vorziehen des ersten Stockwerkes die für den Prinzipalmarkt so typischen und einladenden Arkaden. Der helle Sandstein aus den Baumbergen hatte als Baumaterial mittlerweile das Holz ersetzt. Im 15. Jahrhundert wurden die Giebelhäuser durch immer reichere Formen im Stil der Renaissance geschmückt. Dies war sicherlich Ausdruck des Selbstbewusstseins der Kaufleute, die damit wirkungsvoll demonstrierten, wie prosperierend Münster war.

Dann kam der Zweite Weltkrieg und schickte einen donnernden Bombenhagel über Münster. Die Altstadt wurde zu über 90 % zerstört, mehr als 1.600 Bürger kamen um. Münster verfügte als Verwaltungs-, Handels- und Garnisonsstadt über eine hervorragende Infrastruktur und war deshalb für die Alliierten ein lohnendes Ziel.

Nach dem Krieg entschied man sich für einen Wiederaufbau in historisierender Form, d. h. die wunderschönen Giebelhäuser wurden in Anlehnung an die historischen Originale wieder aufgebaut, zwar nicht originalgetreu, sondern - wenn man so will - als nachempfundene Neuschöpfung. Man egalisierte die zuvor unterschiedlichen Höhen der Häuser und verzichtete auf den reichen Schmuck der Renaissancezeit. Das Ergebnis kann sich sehen lassen und zieht nach wie vor viele Einheimische und Besucher an. Die Stadt achtet zudem darauf, dass die Häuser ein einheitliches Bild abgeben. Die Kaufleute dürfen den Namen ihres Geschäftes nur in dezenten goldenen Buchstaben an der Fassade anbringen. Auch der Schmuck unter den Bögen ist immer einheitlich: Im Sommer sind es Geranienampeln, die sommerliches Flair verströmen, im Herbst leuchten in der Dämmerung dann die bunten Laternen, um die es in diesem Buch geht. In der Weihnachtszeit schließlich verschönern große Adventskränze den Prinzipalmarkt, dessen Fenster zusätzlich dezent illuminiert sind.

Die wunderschönen Giebelhäuser am Prinzipalmarkt, die den historischen und im Zweiten Weltkrieg zerstörten Häusern nachempfunden wurden

Blick vom Lambertikirchturm auf die in einem Bogen angeordneten Häuser des Prinzipalmarktes

Die Giebelhäuser des Prinzipalmarktes in weihnachtlicher Anmutung

Die Künstlerin Vera Degener hat diese farbenfrohe Ansicht des Prinzipalmarktes gestaltet.

Andrea Ottenjann, eine bekannte Münsteraner Künstlerin mit Atelier und Shop in Nienberge, hat die Häuser des Prinzipalmarktes wunderschön eingefangen.

Die (Wieder-)Täufer

Bei den Wiedertäufern handelte es sich um eine radikalreformatorische Glaubensgemeinschaft, die im Zuge der Reformation im 16. Jahrhundert (1534/35) in Münster Fuß fasste. Die Wiedertäufer lehnten die Kindertaufe ab und forderten stattdessen die Erwachsenentaufe als bewusste und aktive Entscheidung zum Glauben. Da die meisten Menschen aber schon als Säuglinge getauft waren, haben sich die Anhänger dieser Glaubensgemeinschaft als Erwachsene noch einmal taufen lassen, daher der Begriff `Wiedertäufer`, der jedoch von den heute aktiven Gläubigen dieser Glaubensgemeinschaften als diskreditierend empfunden wird. Da für sie die im Erwachsenenalter vollzogene Glaubenstaufe die einzig christliche ist, kann es folgerichtig keine `Wiedertaufe` geben. Die Etablierung der Erwachsenentaufe war für Bischof und Kaiser eine ungeheuerliche Provokation, da für sie ein durch Geburt feststehender Glaube Voraussetzung für die grundlegende Einheit von Staat und Kirche war.

Endzeit und Gottesherrschaft standen nach Ansicht der Täufer unmittelbar bevor. Auch in anderen Städten Deutschlands gab es täuferische Einflüsse, aber nirgendwo konnte diese Glaubensrichtung so Fuß fassen wie in Münster, das unter dem Einfluss der aus Holland kommenden charismatischen Prediger Jan Mathys und Jan van Leiden zum „neuen Jerusalem" wurde. Schnell nahmen Lebensweise und Ideen der Täufer in Münster immer radikalere Formen an. Jeder in Münster lebende Bürger musste sich dem „täuferischen" Glauben anschließen, alle „Ungläubigen" mussten die Stadt verlassen. Es wurde eine Gütergemeinschaft eingeführt, wertvolles Hab und Gut musste von den Bürgern im Rathaus abgegeben werden, alle Bücher außer der Bibel wurden verbrannt, ein unsäglicher Bildersturm zerstörte bedeutende bildliche und figürliche Darstellungen Christi und der Heiligen. Schnell sah sich Bischof Franz von Waldeck gezwungen, mit Waffengewalt gegen die Täufer vorzugehen, die sich hinter den Stadtmauern Münsters verschanzten. Kirchtürme wurden von den Täufern abgetragen, um dort Kanonen gegen den Bischof und seine Leute zu postieren.

Da Frauen in der Mehrzahl waren, führte Jan van Leiden die Polygynie ein: Jeder Mann musste mindestens drei Frauen heiraten. Für gebärfähige Frauen wurde die Ehepflicht etabliert. Auf diese Weise hielt man die Frauen unter patriarchalischer Kontrolle. Jan van Leiden, der sich selbst zum König des neuen Jerusalem krönte, ehelichte sogar 16 Frauen. Darunter auch Divara, die Witwe von Jan Matthys, der mit einigen Anhängern am Ostertag 1534 die vom Bischof und seinen Truppen belagerte Stadt verließ und den Belagerern unbewaffnet entgegenritt. Aufgrund einer göttlichen Vision glaubte er, auf diese Weise das Gottesgericht auszulösen. Doch statt der erhofften Endzeit wurden er und seine Anhänger von den Belagerern auf brutalste Art und Weise getötet. Doch entsetzliches Blutvergießen geschah auch innerhalb der Mauern von Münster. Aufbegehren gegen das täuferische Regime wurde mit dem Tode bestraft. Jan van Leiden entwickelte sich zum blutrünstigen Tyrannen und schreckte nicht einmal davor zurück eine seiner Frauen, Elisabeth Wandscherer, zu enthaupten und um ihre Leiche einen Freudentanz zu vollführen. Sie hatte ihn der Prasserei bezichtigt, obwohl doch seine Untertanen aufgrund der Belagerung unter unsäglichem Hunger litten.

Das Ganze nahm ein schreckliches Ende. Der Belagerungsring war so dicht, dass keine Waren mehr in die Stadt hineinkamen und der Hunger unerträglich wurde. Schließlich verrieten Abtrünnige den Belagerern, wo es in der Stadtbefestigung Schwachstellen gab. Am 25. Juni 1535 drang der Bischof mit seinen Leuten in die Stadt ein und hielt fürchterlich Gericht. Die Straßen Münsters waren von den Leichen der Täufer gesäumt. Die drei Anführer: Jan van Leiden, Bernd Knipperdolling (Bürgermeister und Scharfrichter) und Bernd Krechting (einer der vier Räte des Königs) wurden vor dem Rathaus zu Tode gefoltert und die Leichen zur Abschreckung der Bevölkerung in den Käfigen am Lambertikirchturm aufgehängt. Das Ganze ist ein äußerst unrühmliches Kapitel der Stadtgeschichte, auf das Münster nicht unbedingt stolz sein kann.

Wie schon oben erwähnt, gibt es auch heute noch täuferische Glaubensgemeinschaften. Hier sind z. B. die Mennoniten, die Hutterer und die Amischen zu nennen, die heute zumeist in den USA leben, aber ihren Ursprung durchaus in der europäischen Täuferbewegung haben. Im Gegensatz zu der in Münster ausgearteten militanten Form des Täufertums aber lehnen diese Gemeinschaften entsprechend der Bergpredigt Gewalt ab.

Nach dem Tod ihres ersten Ehemannes Jan Matthys heiratete Divara Jan van Leiden und wurde so die erste Königin in Münsters Täuferreich.

Die Portraits der drei Anführer der Wiedertäuferbewegung in Münster: Jan van Leiden, Bernd Knipperdolling und Bernard Krechting in den Käfigen am Lambertikirchturm, in denen ihre Leichen aufgehängt wurden, nachdem sie auf dem Prinzipalmarkt ihr schreckliches Ende fanden

Die Wahlsprüche der Wiedertäufer:
Münster wird das neue Jerusalem sein.
Tuet Buße!!!
Ein Christ hat kein Geld zu haben.
Habet viele Weiber!

Der Harnisch des Wiedertäuferkönigs Jan van Leiden

Der Dreißigjährige Krieg und der Westfälische Friede

1618 begann der Dreißigjährige Krieg, ausgelöst durch den Prager Fenstersturz. Protestantische Aufständische stürzten zwei katholischen Statthalter und deren Schreiber aus dem Fenster der Prager Burg heraus. Die drei Herren fielen in den Burggraben und überlebten erstaunlicherweise die unsanfte „Defenestration". Die oft erzählte Geschichte, dass die Herren in einen Misthaufen fielen und deshalb den Sturz überlebt haben, ist wohl eher eine Anekdote, die der Legendenbildung zuzurechnen ist. Vermutlich hat die damalige Mode, lange Mäntel aus dickem schweren Tuch, ein Schutzpolster gebildet und zur Rettung beigetragen.

Der Aufstand der protestantischen Stände richtete sich gegen den neuen König Böhmens, der die Rekatholisierung aller Länder, die der böhmischen Krone zugerechnet wurden, anstrebte. Auch der römisch-deutsche Kaiser Ferdinand II. war streng katholisch und leitete strikte Maßnahmen gegen den Protestantismus ein, die auf massiven Widerstand der Protestanten stießen. Der zunächst religiös motivierte Konflikt zwischen Protestanten und Katholiken weitete sich schließlich zu einem territorialen Krieg aus, bei dem fast alle Länder Europas beteiligt waren und in dem es um klare hegemoniale Machtinteressen ging.

Der 30-jährige Krieg brachte der Zivilbevölkerung unendliches Leid. Die Söldnerheere zogen plündernd und mordend über das Land, steckten Häuser und Höfe an und hinterließen eine Spur der Verwüstung. Hungersnöte und Seuchen waren die Folge. Etwa 40 % der gesamten Bevölkerung verlor ihr Leben.

Nach Jahrzehnten der Kriegsführung breitete sich schließlich eine gewisse Kriegsmüdigkeit aus. Der Konflikt schien für keine Seite mehr gewinnbar. Bereits 1641 hatte der Kaiser im Hamburger Präliminarvertrag Münster und Osnabrück als Kongressorte für Friedensverhandlungen akzeptiert. Die Wahl war auf diese beiden

Städte gefallen, weil sie durch den Krieg wenig in Mitleidenschaft gezogen waren und damit den Gesandten eine komfortable Unterbringung möglich war. Um religiös motivierten Konflikten während des Kongresses vorzubeugen, trennte man bei den Verhandlungen Katholiken und Protestanten voneinander. Im protestantischen Osnabrück sollten die Schweden und im katholischen Münster die Franzosen tagen. Die Tatsache, dass beide Städte in guter nachbarschaftlicher Erreichbarkeit lagen, sollte zudem die Verhandlungen erleichtern.

Die Gesandten kamen nicht alleine, sondern brachten eine große Zahl an Gefolgsleuten mit, die die Versorgung der hohen Herren sicherten. Münster hatte vor den Friedensverhandlungen eine Bevölkerungszahl von etwa 12.000 Einwohnern und wuchs durch den Kongress nochmal um etwa 10.000 Personen, was die Stadt vor große Aufgaben stellte. Die Etikette spielte eine große Rolle: Je mehr Gefolge ein Gesandter mitbrachte, umso mehr Bedeutung wurde ihm zugesprochen. Zu den Verhandlungen setzten sich nie alle Gesandten gemeinsam an einen Tisch. Der venezianische Diplomat Alvise Contarini und der päpstliche Gesandte Fabio Chigi waren als Friedensvermittler eingesetzt und mussten zahllose Einzelgespräche führen. Anschließend wurden die Friedensvorschläge den anderen Parteien unterbreitet. Kein Wunder also, dass die Friedensverhandlungen fünf Jahre dauerten. Übrigens fanden die Verhandlungen nicht im Friedenssaal statt, wie man annehmen könnte, sondern in den Gesandtenquartieren um den Dom herum. Dort befanden sich die repräsentativsten Gebäude, die dem Rang eines adligen Gesandten am ehesten Genüge taten.

Ein erster Erfolg war der spanisch-niederländische Teilfriede, der zu Beginn des Jahres 1648 in Münster geschlossen wurde und den Niederlanden den Status eines souveränen Staates sowie die Unabhängigkeit von Spanien brachte. Um diese Unabhängigkeit hatten die Niederländer in einem 80 Jahre andauernden Krieg mit den Spaniern gerungen. Der spanisch-niederländische Teilfriede wurde in einem feierlichen Akt am 15. Mai 1648 im Friedenssaal feierlich beschworen. An diesen bedeutsamen Moment erinnert auch heute noch ein Gemälde von Gerard ter Borch, dessen Kopie sich im Friedenssaal von Münster befindet. Die Niederländer besuchen immer noch gerne Münster und den Friedenssaal, weil sie hier die Geburtsstätte ihres Landes verorten.

Am 24. Oktober 1648 wurde schließlich der Westfälische Friede geschlossen. Aufgrund der getrennten Tagungsorte wurden zwei einander ergänzende Friedensverträge ausgehandelt. Für Kaiser und Frankreich wurde der Friedensvertrag in Münster unterzeichnet. Für Kaiser und Reich auf der einen und Schweden auf der anderen Seite wurde der Friedensvertrag in Osnabrück geschlossen. Nach fünfjährigen Verhandlungen konnte der „Freud- und Friedenbringende Postreiter“ (so genannt in einem zeitgenössischen Flugblatt) nun endlich die gute Nachricht überbringen und den Friedensschluss verkünden. Überall wurde der Friede nun durch Gottesdienste, Feiern für die zurückgekehrten Gesandten, Bankette, Theateraufführungen, Feuerwerke und Friedensumzüge gebührend gefeiert.

Zum ersten Mal im Laufe der Geschichte war es durch den Westfälischen Frieden gelungen, einen Krieg durch diplomatische Verhandlungen und nicht durch Sieg oder Niederlage auf dem Schlachtfeld zu beenden. Der Westfälische Friede führte zu einer territorialen Neuordnung in Europa, die zum Teil bis heute Bestand hat, und legte damit den Grundstein für die Gleichberechtigung und Souveränität der europäischen Staaten. Auch das Thema Religionsfreiheit spielte beim Friedensvertrag eine wesentliche Rolle, denn die evangelische Kirche wurde neben der römisch-katholischen Kirche als Konfession anerkannt. Der Westfälische Frieden trug wesentlich zur gesamteuropäischen Stabilität bei und diente nachfolgenden Friedenskonferenzen als ausgezeichnetes Vorbild.

Der „Freud- und Friedenbringende Postreiter“ verkündete 1648 den Westfälischen Frieden.

Das Rathaus

Das prächtige Rathaus aus hellem Sandstein befindet sich an exponierter Stelle des Prinzipalmarktes direkt gegenüber dem früheren Michaelistor, das der Haupteingang zur mittelalterlichen Domburg war. Sicherlich ist es auf das Selbstbewusstsein der Münsteraner Bürger zurückzuführen, dass sie das Haus, in dem es um ihre Belange ging, dem Bischof sozusagen direkt „vor die Nase gesetzt haben". Der Bischof war in früheren Zeiten nicht nur Herr der Domburg, sondern auch Herr über Stadt und Land, was den Bürgern so manche Einschränkung bescherte. Als dann Münster 1643 bis 1648 für die Verhandlungen, die zum Abschluss des Westfälischen Friedens führten, für neutral erklärt und damit von den Verpflichtungen gegenüber dem Reich und dem Land entbunden wurde, hatte die Stadt völkerrechtlich den Status eines souveränen Stadtstaates.

Gerne hätte die Stadt diese Unabhängigkeit nach dem Friedensschluss weiter behalten, aber Fürstbischof Christoph Bernhard von Galen ging schließlich mit Waffengewalt – unterstützt durch kaiserliche Truppen - gegen die „ungehorsame" Stadt vor. Er errichtete an der Stelle des heutigen Schlosses eine Zitadelle. Die Stadtmauern wurden an der gegenüberliegenden Seite niedergelegt, so dass der Fürstbischof die Waffen direkt gegen Münster richten konnte. Die Bürger hatten keine andere Wahl: Sie kapitulierten und mussten sich dem politischen Willen des Fürstbischofs unterwerfen.

Die Ratsherren wurden nun nicht mehr von den Bürgern gewählt, sondern vom Fürstbischof bestimmt und tagten unter der Führung eines bischöflichen Beamten. Die Bürgerhalle des Rathauses, in der vorher die Ratswahlen abgehalten wurden und die Versammlungsort der Bürger gewesen war, wurde zur Hauptwache des bischöflichen Militärs umfunktioniert. Die Münsteraner hatten schon immer viel Humor und bezeichnen diesen streitbaren Oberhirten als „Kanonenbischof" oder gar als „Bombenbernd". Er ist übrigens nicht der einzige Bischof aus der Familie von Galen und hat seine letzte Ruhestätte in einer der Galenschen Kapellen des Domes gefunden. Der wegen seines Widerstandes gegen die Nazis als „Löwe von Münster" bekannt gewordene Bischof Clemens August von Galen dagegen ist den Menschen deutlich positiver in Erinnerung geblieben als Christoph Bernhard. Auch er stammt aus der weitverzweigten Familie von Galen und auch er ist im Kapellenkranz des Domes begraben.

Die Anfänge des Rathauses gehen also auf das Mittelalter zurück. Die im hinteren Teil des Rathauses befindliche Ratskammer, in der sich die Ratsherren trafen und in der auch das Gericht tagte, ist der älteste Teil und entstand Mitte des 13. Jahrhunderts. Der prosperierende Handel führte dazu, dass Münsters Bürger und die Stadt selbst immer wohlhabender wurden. Man trat der Hanse bei und unterhielt weitreichende Handelsbeziehungen. Das fand auch in der Architektur seinen Niederschlag. Der hoch aufragende gotische Schaugiebel des Rathauses, der sich voller Stolz in die Höhe reckt, entstand im 14. Jahrhundert und ist ein bedeutendes Zeugnis für Münsters wirtschaftliche und kulturelle Blüte. Georg Dehio bezeichnet in der Westfalen-Ausgabe seines „Handbuches der deutschen Kunstdenkmäler" die Rathausfassade als „Hauptwerk der gotischen Profanbaukunst in Europa".

Außer der heute als Friedenssaal bekannten Ratskammer, so benannt nach dem Westfälischen Frieden, der 1648 in Münster und Osnabrück geschlossen wurde, befindet sich noch die bereits erwähnte Bürgerhalle im Erdgeschoss, die wie der prächtige Schaugiebel etwa in der Mitte des 14. Jahrhunderts entstand. Trafen sich die Ratsherren in der Ratskammer, so war mit der davor gesetzten Bürgerhalle nun auch ein Treffpunkt für die Bürger geschaffen.

Im Obergeschoss des Rathauses befindet sich über dem Friedenssaal die Rüstkammer, in der früher die Waffen der Stadtwache aufbewahrt wurden, und der nun als geräumiger Kaminraum für verschiedene Ereignisse dient. Der Rathausfestsaal als großzügiger, historisch wirkender Raum, in dem heute die Ratssitzungen stattfinden und der zudem als Versammlungsort für Empfänge und kulturelle Events dient, befindet sich über der Bürgerhalle.

Die Nutzung des Rathauses ist im Laufe der Jahrhunderte sehr unterschiedlich gewesen: der Friedenssaal wurde als Versammlungsort der Ratsherren und als Gerichtsstube genutzt. Heute ist er ein repräsentativer Empfangsraum für hochkarätige Gäste. Einige Male gab es Theateraufführungen im Rathaus, aber auch als Lagerhaus für die städtischen Weinvorräte und schließlich als Warenhaus für die Münsterischen Tuchhändler („Wandschneider"), die hier ihre Tuchballen verkauften, ist es genutzt worden. Die ortsansässigen Kaufleute erhielten so zu Jahrmarktzeiten einen klaren Standortvorteil gegenüber den auswärtigen Händlern.

Im Zweiten Weltkrieg wütete der Bombenhagel der Alliierten über Münster und traf auch Münsters „Gute Stube". Am Samstag, dem 28. Oktober 1944, wurde auch der prächtige Marktgiebel des Rathauses getroffen und stürzte nach vorne auf die Straße. Damit war Münsters Wahrzeichen zerstört. Mit dem Entschluss der Münsteraner, nach dem Krieg an die historische Stadtgeschichte anzuknüpfen und die altehrwürdigen Häuser des Prinzipalmarktes als „nachempfundene Neuschöpfungen" und auch das Rathaus nach dem historischen Vorbild wiederaufzubauen wurde eine Verbindung zwischen Tradition und Moderne geschaffen, die auch heute noch Münster prägt.

Zunächst erforderte der Wiederaufbau des städtischen Gemeinwesens (Wohnungen, Schulen, Straßen) die ganze Anstrengung der Bürger. Aber der Fokus lag schon früh auf der Restaurierung des Rathauses. Anlass gab der 300. Jahrestag des Westfälischen Friedens am 24. Okt. 1948. Durch den enormen Einsatz aller Beteiligten gelang es, den historischen Friedenssaal zu diesem Termin als ersten Bestandteil des Rathauses feierlich wiederzueröffnen. Die Münsteraner hatten im Krieg sehr vorausschauend gehandelt und die wertvollen historischen Schnitzereien des Friedenssaales komplett in das lippische Schloss Wöbbel ausgelagert, so dass das Inventar vom Krieg unbeschadet und originalgetreu wiedereingebaut werden konnte. Es dauerte noch zehn weitere Jahre, bis das Rathaus als Ganzes wiederhergestellt war. Durch eine Rathauslotterie hatten die Münsteraner Bürger wesentlich zur Finanzierung beigetragen.

Der Fürstbischof Christoph Bernhard von Galen ließ vor den Toren Münsters eine Zitadelle bauen, um die Waffen direkt auf die Stadt zu richten und sich Münster wieder untertan zu machen.

Das historische Rathaus gilt als „eines der schönsten Profanbauten der Gotik“ und beherbergt den historischen Friedensaal, der wegen seiner wunderbaren im Original erhaltenen Schnitzereien und seiner geschichtlichen Bedeutung immer einen Besuch wert ist. Die gelungene Darstellung des Rathauses in dieser Laterne stammt von der Münsteraner Künstlerin Vera Degener.

Johann Conrad Schlaun

Johann Conrad Schlaun hat mit seinen barocken Bauten Münster und Westfalen geprägt. Aber auch darüber hinaus ist er im westlichen Niedersachsen und im Rheinland tätig gewesen. In Münster sind vor allem die Clemenskirche, der Erbdrostenhof, das Lotharinger Kloster, die Dyckburgkirche das Rüschhaus, die Aegidiikirche und das Schloss zu nennen. Als Betrachter seiner Bauwerke ist man überrascht von der sinnenfreudigen Ausstrahlung seiner Architektur. Und doch hat man nie das Gefühl der Übertreibung. Obwohl Schlaun hauptsächlich in Westfalen aktiv war, ist seine Architektur durchaus von europäischem Rang.

Schlaun wurde als Johann Conrad Schluen am 5. Juni 1695 in Nörde bei Warburg geboren. Sein Vater war der in Nörde tätige Amtmann Henrich Schluen, seine Mutter Agnes Berendes. Henrich Schluen verwaltete die Güter des Klosters Hardehausen und war gleichzeitig mit der niederen Gerichtsbarkeit in Nörde betraut. Johann Conrad besuchte das Jesuitengymnasium in Paderborn, war aber kein hervorragender Schüler. Aufgrund mangelnder Leistungen im Fach Rhetorik musste er die Schule ohne Abschluss verlassen.

Nach der Schule ging Schlaun zunächst zum hannoverschen Militär, wo er eine Ausbildung zum Vermessungsingenieur absolvierte. Das dafür notwendige mathematische Verständnis schien ihm mehr zu liegen als das Fach Rhetorik. Aber es war etwas Anderes, was Schlaun anstrebte: die Baukunst. Und er sollte noch mit Bravour und ganz viel Kreativität unter Beweis stellen, dass das ein Thema war, das ihm lag. Zum weiteren Werdegang gehörte der Wechsel zur Artillerie ins Fürstbistum Paderborn. Dort avancierte er 1715 als 20-jähriger junger Mann zum Leutnant der Artillerie und erhielt gleichzeitig den Status des fürstbischöflichen Ingenieurs.

1720 entwarf Schlaun ein bemerkenswertes Feuerwerk zu Ehren des neuen Fürstbischofs Clemens August von Wittelsbach, der außer Münster noch den Bistümern Köln, Paderborn, Hildesheim und Osnabrück vorstand. Clemens August wurde spätestens zu diesem Zeitpunkt auf den jungen Architekten aufmerksam und schickte

Schlaun auf eine Studienreise, die ihn nach Würzburg, Rom und Paris führte. Mit vielen Anregungen, Ideen, Plänen und Zeichnungen kam Schlaun 1723 wieder nach Münster zurück.

Clemens August stiftete der Stadt Münster ein Hospital, das von den Barmherzigen Brüdern geleitet wurde. Zu dieser von Schlaun geschaffenen Anlage gehörte auch die im Krieg zerstörte und nach dem Krieg originalgetreu wiedererrichtete Clemenskirche, die heute jedoch alleine für sich steht, weil das Hospital an dieser Stelle nicht wieder aufgebaut wurde. Ursprünglich war die Kirche in den Krankenhausbau als Eckbebauung integriert. Das Betreten der 1753 fertiggestellten Clemenskirche verschafft dem Besucher ein „Ohhh-Erlebnis", denn so viel Prachtentfaltung erwartet man nicht im ansonsten künstlerisch eher zurückhaltenden Westfalen. Das liegt daran, dass Clemens August als Wittelsbacher für die innere Raumgestaltung süddeutsche und italienische Künstler beauftragt hatte, die für ihre glanzvolle Gestaltung bekannt waren. Auch das Clemenshospital wurde Opfer des Bombenhagels im Zweiten Weltkrieg. Erst in den Jahren 1956 bis 1959 wurde die Kirche außen wiederhergestellt, noch später (1961 bis 1974) der Innenraum. Pläne, Fotos und Farbdias vom Originalbau boten die Orientierung und verhalfen zu einem fast originalgetreuen Wiederaufbau. Das Spital aber wurde nicht an der alten Stelle wiedererrichtet. Das Clemenskrankenhaus befindet sich heute am Düesbergweg, ist akademisches Lehrkrankenhaus der Universität Münster und wird von den Alexianern betrieben.

Ein in nur wenigen Schritten erreichtes Bauwerk von Schlaun entfaltet seine Strahlkraft an der Salzstraße: der Erbdrostenhof. Auftraggeber war Adolf Heidenreich Freiherr Droste zu Vischering, der Schlaun damit beauftragte ein repräsentatives Adelspalais zu errichten. Vor dem Zweiten Weltkrieg gab es in Münster zahlreiche Stadtpaläste in Adelshand. Die meisten Adeligen lebten den Großteil des Jahres auf ihren ländlichen Besitzungen, aber im Winter, wenn die Kälte Einzug hielt und das Leben auf dem Lande ungemütlich wurde, wollte man es doch etwas angenehmer haben und in der Stadt am gesellschaftlichen Leben teilnehmen.

Eine Hälfte des Baus wollte der Freiherr Droste zu Vischering selbst nutzen, die andere sollte dem Fürstbischof bei seinen Aufenthalten in Münster eine angemessene Unterkunft bieten, denn das Schloss als fürstbischöfliche Residenz ist ja erst später fertiggestellt worden und nie von einem Fürstbischof bewohnt worden. Droste zu Vischering hatte das Amt des Erbdrosten inne, er war damit ein hoher Ministerialbeamter des Fürstbischofs. Ihm oblag die Verwaltung fürstbischöflicher Ländereien und er war in diesem Bereich mit juristischen, polizeilichen und militärischen Befugnissen ausgestattet.

Das zur Verfügung stehende Grundstück war für den angedachten repräsentativen Bau nach dem Vorbild einer Dreiflügelanlage recht ungünstig, fast quadratisch, eingerahmt, um nicht zu sagen eingeengt, von zwei Straßen. Schlaun hat das Problem nicht nur geschickt, sondern geradezu genial gelöst. Er hat den Baukörper auf die Diagonale des Grundstückes gestellt. Die seitlichen Flügel hat er nur angedeutet, indem er die Seitenteile durch leichte Kurvatur nach innen einschwingen lässt. Die Wirtschaftsgebäude wie Remise und Stallungen hat er hinter das Gebäude verlegt, so dass die repräsentative Vorderansicht nicht beeinträchtigt wird. Typisch für Schlauns Bauten in Münster ist die Kombination von hellem Baumberger Sandstein und rotem Klinker, die dem Betrachter ein ganz eigenes, sehr harmonisches Bild bietet. Auch dieser Geniestreich Schlauns, 1757 fertig gestellt, wurde im Zweiten Weltkrieg stark zerstört und in den Jahren 1953 bis 1970 durch den Landschaftsverband Westfalen-Lippe wiederhergestellt. Dieser darf deshalb einen Teil des Gebäudes nun mietfrei nutzen.

Schlaun war zu einem hochangesehenen Architekten avanciert, der verdientermaßen über die Grenzen Westfalens hinaus Anerkennung als bedeutender Baumeister des Spätbarocks fand. Schmunzeln lässt uns heute sein Schachzug, etwa um 1725 seinen niederdeutschen Namen Schluen in das hochdeutsche Schlaun umzuwandeln. Seine Auftraggeber waren hauptsächlich Männer adeligen Geschlechts, bei denen das hochdeutsche Schlaun vornehmer wirkte. Er ging aber noch einen Schritt weiter: 1732 kaufte er das Lehngut

Sülzhof in Dormagen und erwarb damit auch das Recht der Wappenführung. Über seinem Wappen, das er von dem ausgestorbenen Adelsgeschlecht "Schlaun von Linden" übernommen hatte, ließ er auf der Toreinfahrt zu diesem Hof die Adelskrone anbringen, obwohl er nie ein Baron von Schlaun gewesen war. Den hochgeschätzten Adelstitel erhielt erst sein Sohn Gerhard Mauritz im Jahre 1788. Schlaun starb am 21.10.1773 und wurde in der Überwasserkirche begraben. Leider ist sein Grabstein dort nicht mehr erhalten.

Eine interessante Darstellung: Johann Conrad Schlaun mit der von ihm gebauten Clemenskirche als Kopfbedeckung.

Der Erbdrostenhof, ein repräsentativer Adelshof, den Schlaun im Auftrag des Erbdrosten Freiherr Droste zu Vischering 1753 bis 1757 an der Salzstraße errichtete.

Das Rüschhaus hat Schlaun 1745 bis 1749 als Landsitz für sich und seine Familie errichtet. Es ist eine geschickte Kombination aus ländlicher und herrschaftlicher Architektur. In den Jahren 1826 bis 1846 lebte dort Annette von Droste-Hülshoff. Sie nannte das Rüschhaus liebevoll „ihr Schneckenhäuschen"

Der Aasee

Der Aasee und seine Umgebung gehören zu den schönsten Naherholungsgebieten Münsters. Der erste Teil zwischen Promenade und Torminbrücke entstand 1925 bis 1936 im Zusammenhang mit einer großangelegten Arbeitsbeschaffungsmaßnahme, bei der die dort befindliche Senke ausgehoben und durch die Aa mit Wasser gespeist wurde. Die Aa, die in den Baumbergen entspringt und kurz vor Greven in die Ems mündet, fließt durch die Innenstadt Münsters und man kann auf relativ versteckten Pfaden an ihrem Ufer einen wunderschönen Spaziergang unternehmen.

Aber schon viel früher gab es an der Stelle des heutigen Sees Wasser. Christoph Bernhard von Galen, der „Kanonenbischof", ließ die Aa 1661 stauen, um das belagerte Münster von der Trinkwasserzufuhr abzuschneiden und so noch mehr unter Druck zu setzen. Später hatte Münsters Zoogründer Hermann Landois die Idee, einen See an dieser Stelle anzulegen. Die Umsetzung dieser Idee ist dann aber erst im 20. Jahrhundert erfolgt.

Der zweite Teil zwischen Torminbrücke bis nach Mecklenbeck entstand erst zwischen 1972 und 1975. Damit verfügt der See heute über eine Länge von zwei Kilometern und eine Breite von 400 Metern und bietet eine Vielzahl von Freizeitaktivitäten: Segeln, Tretbootfahren, Spazierengehen, Kaffeetrinken an den Aaseeterrassen, Open-Air-Konzerte, Besuche des Zoos, des Freilicht- und Naturkundemuseums und des Planetariums. Viele größere Freilichtveranstaltungen wie das Drachenfest und die Montgolfiade finden auf den angrenzenden Wiesenflächen statt. Und natürlich ist der Aasee beliebter Treffpunkt für Studenten und Nichtstudenten zum Grillen und Chillen.

Eine unglaubliche Liebesgeschichte ist mit dem Aasee verbunden. Im Wonnemonat Mai 2006 tauchte plötzlich ein schwarzer Trauerschwan auf dem Aasee auf und wich einem weißen Schwanentretboot von beeindruckender Größe nicht mehr von der Seite. Der Schwan hatte sich offensichtlich in sein weißes, leider lebloses Pendant verliebt. Auch wenn Gäste das Tretboot mieteten, der schwarze Schwan, genannt Peter nach dem Vornamen des Segelschulinhabers und Tretbootvermieters Peter Overschmidt, blieb immer in seiner Nähe. Im Winter wurde das Boot zur Vermeidung von Frostschäden mit Peter im Gefolge zu einem Tümpel im Zoo gebracht, um dort zu überwintern. Eine DNA-Analyse einer Feder ergab, dass Peter eigentlich eine Petra war. Und so bürgerte sich rasch die weibliche Variante des Namens für den Trauerschwan ein, dessen Geschichte medial weltweite Beachtung fand und auch Gegenstand einiger Bücher wurde.

Zwei Jahre lang dauerte die platonische Liaison zwischen den ungleichen Partnern. Der 31. Dezember 2008 war der letzte Tag, an dem Petra auf dem Aasee gesehen wurde. Leidenschaftliche Petra-Enthusiasten bildeten rasch einen „Freundeskreis Schwarze Petra". Von überallher aus Deutschland kamen Bilder von schwarzen Schwänen, die man für Petra hielt. Man konnte aber schnell ausschließen, dass es sich um Petra handelte, denn die schwarze Schwänin konnte an einem verknöcherten linken Fuß erkannt werden. Man fand Petra schließlich vollkommen unterernährt und entkräftet auf einem Feldweg in Glandorf und brachte sie in die Storchen-Betreuungsstation in Osnabrück. Dort wurde sie liebevoll aufgepäppelt und wieder gesund gepflegt. Kurz nach Ankunft in dieser Station hat sich Petra mit einem auch dort abgegebenen Schwan gleicher Farbe angefreundet. Man gab Petra zwei Schwaneneier, die sie mit großer Geduld und erfolgreich ausbrütete. Und so hat es doch noch ein Happy End für die schöne Schwänin in Form einer eigenen kleinen Familie gegeben. Vielleicht ist es ein besonderer Wink des Schicksals, dass sie dieses Glück in einer Stadt gefunden hat, die mit Blick auf den Westfälischen Frieden Münsters Partnerstadt ist.

Die Aaseekugeln („Giant Pool Balls"), ein dekoratives Kunstwerk am Aasee, erschaffen von dem amerikanischen Künstler Claes Oldenburg im Rahmen der ersten Skulpturenausstellung 1977. Die Kugeln stellen übergroße Billardkugeln dar, den Aasee kann man sich als dazugehörigen Billardtisch vorstellen.

Der Aasee mit dem Wasserbus Solaaris, der umweltfreundlich mit modernster Solartechnik angetrieben wird und die Aaseeterrassen mit dem Freilichtmuseum, dem Zoo und dem Naturkundemuseum verbindet.

Die Torminbrücke ermöglicht es dem Verkehr, den Aasee zu überqueren.

Der Mühlenhof ist ein am Aasee gelegenes Freilichtmuseum, das rund 30 Fachwerkhäuser aus dem 17. bis 19. Jahrhundert mit den dazugehörigen Exponaten aus dieser Zeit zeigt. Außerdem bietet er mit seinem historischen Ambiente ansprechenden Raum für Veranstaltungen und Festivitäten jedweder Art.

Ferdinand Eimermacher gründete den Freiluftballonsport-Verein Münster. Seit 1969 findet in Münster regelmäßig die Montgolfiade am Aasee statt.

Der Begriff Montgolfiade, zusammengesetzt aus Olympiade und Montgolfiére, ist seinerzeit in Münster geprägt worden.

Auch das Drachenfest mit den originellsten und ungewöhnlichsten fliegenden Schöpfungen findet regelmäßig am Aasee statt.

Eine gelungene Collage von der Münsteraner Künstlerin Andrea Ottenjann, auf der das wohl berühmteste Liebespärchen Münsters, die schwarze Schwänin Petra und das weiße Schwanentretboot, auf dem Aasee zu sehen sind.

Die Rieselfelder

Nördlich des Stadtteiles Coerde befindet sich ein etwa 4 km^2 großes Areal, auf dem früher die Abwässer Münsters verrieselt wurden. Das Abwasser versickerte im Boden und wurde dabei gereinigt. Es handelte sich also um ein natürliches Klärwerk. Bis 1975 erfüllten die Rieselfelder diese Funktion. Dann aber wurde ein Klärwerk gebaut und die Notwendigkeit der Verrieselung der Abwässer entfiel. Viele seltene Vögel hatten mittlerweile hier ein ideales Lebensumfeld gefunden und das Flachwasser-Biotop dauerhaft oder als notwendige Raststätte auf ihrem Weg von Skandinavien nach Afrika in Besitz genommen.

1977 stellte die Landesregierung einen Großteil der Fläche unter Naturschutz. Und genau in diesem Jahr wurden Pläne der Stadt Münster öffentlich, einen Teil der Rieselfelder als Industriegebiet auszuweisen. Ein Aufschrei ging durch die Münstersche Bevölkerung. Schließlich war das Gebiet ein beliebtes Naherholungsziel für die Bürger und ein wichtiges Vogelschutzgebiet geworden. Ob diese Proteste bei der Stadt Wirkung zeigten? Sicher ist jedenfalls, dass das Land gegen eine industrielle Nutzung sein Veto einlegte und die Rieselfelder zum Europareservat avanciert sind. Die Natur hat sich das, was einmal Kloake war, erfolgreich zurückerobert.

Viele Wasservögel haben in dem Vogelschutzgebiet Rieselfelder eine Bleibe gefunden oder nutzen es als Rastplatz auf ihrem Weg in den Süden.

Auch seltene Vogelarten kann man auf Spaziergängen in den Rieselfeldern in den eigens dafür aufgestellten Beobachtungsstationen entdecken.

In den Rieselfeldern können Frösche und Kröten nach Herzenslust quaken, ohne menschliche Nachbarn durch ihre Rufe um den Schlaf zu bringen.

Das Lambertusfest

Jedes Jahr um den 17. September herum läutet im Münsterland das Lambertusfest den Beginn der dunkleren Jahreszeit ein. In Kindergärten, auf Schulhöfen und Kirchplätzen wird eine mit Blumen und Grün geschmückte Pyramide aufgestellt, in die die Kinder ihre selbstgebastelten Laternen stecken und um die sie einen fröhlichen Tanz, begleitet von bekannten Lambertusliedern, vollführen. Ein urmünsterscher Brauch, der etwa Mitte des 18. Jahrhunderts entstanden sein soll und bis heute regelmäßig gepflegt wird. Durch den Ruf „Kinder, kommt runter, Lambertus ist munter!" werden die Kinder aus den Nachbarschaften zusammengetrommelt. Heute werden sie natürlich von ihren Eltern begleitet, die auch Freude an dem geselligen Lichterfest haben.

Woher kommt nun dieser Brauch? Am 17. September 705 ist der als Heiliger verehrte Bischof Lambert von Maastricht gestorben, der auch als Schutzpatron der Lambertikirche in Münster verehrt wird. Sein Festtag ist der 18. September, zugleich wegen der immer früher einsetzenden Dämmerung Schlusspunkt abendlicher Treffen im Freien. Eine weitere Erklärung für dieses Fest: Die Sommerarbeitszeit der Handwerker wurde Mitte September um 1 ½ Stunden verkürzt. Wenn das nicht ein guter Grund zum Feiern ist?! Der alte und leider 1944 zerstörte Lambertusbrunnen des Bildhauers Heinrich Bäumer vor der Lambertikirche zeigte Kinder beim traditionellen Lambertusspiel. Dieses Motiv ist bei dem neuen, deutlich schlichteren Brunnen nicht wiederaufgenommen worden.

„Laurentia, liebe Laurentia mein!
Wann werden wir wieder beisammen sein?"
„Am Sonntag!"
„Drum wollt ich, dass alle Tag Sonntag wär,
Und ich bei meiner Laurentia wär!
Laurentia!

Laurentia, liebe Laurentia mein!
Wann werden wir wieder beisammen sein?“
„Am Montag!“
„Drum wollt ich, dass alle Tag Sonntag, Montag wär,
Und ich bei meiner Laurentia wär,
Laurentia!

Laurentia, liebe Laurentia mein!
Wann werden wir wieder beisammen sein?“
„Am Dienstag!“
„Drum wollt ich, dass alle Tag Sonntag, Montag, Dienstag wär,
und ich bei meiner Laurentia wär,
Laurentia!“

... usw. bis alle Wochentage ergänzt sind!

Dieses fröhliche Kinderlied wird gerne beim Lambertusfest gesungen und fordert von den Mitmachenden eine sportliche Höchstleistung, denn bei jedem „Laurentia“ ist es üblich in die Knie zu gehen und wieder aufzustehen. Wer seine Fitness weiter steigern will, lässt es sich nicht nehmen, auch bei der Nennung jedes Wochentages in die Hocke und wieder hoch zu gehen! Auch die dumme Liese und der spazierende Schornsteinfeger gehören zum Liedrepertoire des Lichterfestes.

Mit noch mehr Begeisterung jedoch wird zum Abschluss „O Buer, wat kost`t din Hei?“ gesungen. Verbunden damit ist der Auftritt des Buern, der in typisch westfälischer Tracht erscheint und dessen Outfit ein wenig an einen Kiepenkerl erinnert. Er sucht sich singend von Strophe zu Strophe ein Kind aus der Besucherschar aus und stellt sich so eine ganze Familie einschließlich Hund zusammen. Bevor er mit einem Schubs von den Kindern verabschiedet wird, verteilt er großzügig aus seiner Kiepe Äpfel und andere gesunde Leckereien.

Die Lambertuspyramide, in die die Kinder am Lambertusfest ihre selbstgebastelten Laternen stecken und um die sie singend und tanzend den Beginn der dunkleren Jahreszeit einläuten.

Der St. Paulus Dom

Der Dom ist entstehungsgeschichtlich die Keimzelle der Stadt Münster. Unten am Fuße des Horstebergs, auf dem Liudger 793 sein Kloster errichtete, floss die Aa, die an dieser Stelle wegen einer Furt besonders gut durchquert werden konnte. Liudger hatte einen strategisch günstigen Platz für den Bau seiner Kirche und seines Klosters gewählt, zum einen kreuzten sich an dieser Stelle wichtige Fernhandelsstraßen und machten diesen Ort damit zu einem günstigen Ausgangspunkt für überregionalen Handel, zum anderen bot die leichte Erhöhung des Horstebergs Kloster und Kirche Schutz vor möglichen Überschwemmungen durch die Aa.

Es gab schon vorher hier eine sächsische Siedlung mit dem Namen Mimigernaford, die die Vorteile dieses Ortes für sich nutzte. In der Endung dieses Wortes steckt der bereits oben erwähnte Begriff „Furt“, also eine seichte Stelle, die es den Menschen möglich machte, den Fluss Aa problemlos zu überqueren. „Mimigern“ ist vermutlich der Name einer sächsischen Sippe gewesen. Karl der Große erteilte Liudger den Auftrag, die hier ansässigen Sachsen zu missionieren. Liudger führte seine Aufgabe mit viel Geschick aus und wurde im Jahre 805 in den Bischofsstand erhoben und Münster erhielt den Rang eines Bistums. Übrigens hat sich aus dem Namen „monasterium“ für Kloster schließlich die Stadtbezeichnung Münster entwickelt. Auch wenn Liudger offiziell als Gründer der Stadt Münster betrachtet wird, hat vermutlich schon vor ihm Abt Beornrad von Echternach als Missionar in Mimigernaford und Umgebung gewirkt.

Um die Domburg und die in ihr lebenden Menschen zu schützen, wurde ein Schutzwall mit Graben errichtet, zunächst aus Baumstämmen und Bohlen. Später im 12. Jahrhundert ließ das Domkapitel auf der Mitte des Grabens eine acht Meter hohe Mauer aus Steinen (Immunitätsmauer) bauen, die die ruhige Welt des Klerus vom lebhaften Leben der Bürger trennte, das vor allem vom Handel und Handwerk bestimmt wurde.

Die prosperierende Stadt wurde immer größer, mehr und mehr Menschen siedelten sich in ihr an. Dies machte im frühen 13. Jahrhundert eine weitere äußere Befestigung in Form einer acht bis zehn Meter hohen Mauer und eines Grabens zum Schutz der Bürger notwendig. Eine zusätzliche Verstärkung durch einen zweiten Außenwall und Graben erfolgte dann im 14. Jahrhundert und verschaffte Münster den Ruf, uneinnehmbar zu sein. Im Laufe der Jahrhunderte wurde die zum Schutz der Bürger gedachte Stadtbefestigung aber immer mehr zum Korsett und verhinderte die weitere Ausdehnung der Stadt. Minister Franz Freiherr von Fürstenberg ließ deshalb die Stadtmauer im Jahre 1764 schleifen und in eine für alle Bürger nutzbare Promenade umwandeln, auf der man auch heute noch auf einer Länge von 4,5 Kilometern wunderbar mit dem Fahrrad oder zu Fuß Münsters Altstadt umrunden kann. Gesäumt wird die Promenade u. a. durch stattliche Linden, die zum Teil auch schon im 18. Jahrhundert angepflanzt wurden.

Zurück zum stolzen St. Paulus Dom, der als Wahrzeichen der Stadt mit seinen beiden Türmen das Stadtbild wesentlich prägt. Der jetzige Dom ist der dritte Kirchenbau in diesem Bereich und wurde in seinen Grundzügen im 12. und 13. Jahrhundert errichtet. Schaut man sich heute den beeindruckenden Kathedralbau an, dessen heller Baumberger Sandstein bei Sonne erst richtig seine Strahlkraft entwickelt, so sieht man, dass jedes Jahrhundert, jede kunstgeschichtliche Epoche Spuren hinterlassen hat. Und doch fügt sich das Ganze zu einem harmonischen und beeindruckenden Gesamtbild zusammen.

Beeindruckend ist auf jeden Fall auch seine Größe. Mit einer Länge von ca. 109 Metern ist er die größte Kirche Westfalens. Es handelt sich um eine dreischiffige Basilika. Die Seitenschiffe sind nur durch zwei große Spitzbogenarkaden vom Mittelschiff getrennt. Diese eindrucksvolle Architektur gibt dem Dom im Inneren seine Großzügigkeit. Auch diese bedeutende Kirche wurde im Zweiten Weltkrieg stark zerstört. Der enormen Energie der Münsteraner Katholiken ist es zu verdanken, dass die Kathedralkirche wieder errichtet wurde. Der Wiederaufbau dauerte allerdings 10 Jahre.

Der St. Paulus-Dom zu Münster mit seinem Grundriss

Haupt des Apostels Paulus, des Schutzpatrones des Domes. Es befindet sich in der Mitte eines der Radfenster über dem Paradies, dem Haupteingang des Domes.

Motiv aus dem Domparadies, der Eingangshalle der Kathedralkirche

Die Astronomische Uhr im St. Paulus-Dom

Die Astronomische Uhr im St. Paulus-Dom stammt aus dem 16. Jahrhundert und ist die zweite Uhr an dieser Stelle. Die erste wurde von den Wiedertäufern während ihres Bildersturmes zerstört. Die zweite heutige Uhr hat den zweiten Weltkrieg unbeschadet überstanden, weil man das Uhrwerk zum Schutz vor Bomben einmauerte und die Figuren rechtzeitig auslagerte.

Die Astronomische Uhr ist ein technisches und künstlerisches Meisterstück, das andere Uhren dieser Art in Europa absolut in den Schatten stellt. Drei Männer haben mit dem Wissen ihrer Zeit hier ein Werk geschaffen, das in vielen Details bis auf den heutigen Tag Gültigkeit hat und bei seinen Betrachtern immer wieder tiefe Bewunderung auslöst. Diese drei Männer waren der Buchdrucker und Mathematiker Dietrich Tzwyvel, der Franziskanerbruder Johann von Aachen und der Schlosser Nikolaus Windemaker.

Die Uhr ist dreigeteilt. Im oberen Teil ist auf einem Balkon Maria mit dem Jesuskind zu sehen. Jeden Tag um 12.00 Uhr öffnet sich eine kleine Tür rechts von der Gottesmutter. Heraus treten die heiligen drei Könige, die dem an einer Stange befestigten Stern von Bethlehem folgen und sich vor dem Jesuskind verneigen und ihre Gaben darbringen, vor und hinter dieser Gruppe geht ein kleiner Diener. Begleitet wird der Umgang der hlg. drei Könige von einem Glockenspiel. Rechts und links vom Balkon sind weitere Figuren zu sehen: links das Tutemännchen und seine Frau, die für den vollen Stundenschlag zuständig sind, und rechts der als Skelett dargestellte Tod sowie Chronos mit der Sanduhr in der Hand, die jede Viertelstunde in Aktion treten.

Die Uhr zeigt im mittleren Teil, dem Astrolabium, neben der Uhrzeit den Stand der Gestirne, die aktuelle Mondphase und die Position der Sonne im aktuellen Tierkreiszeichen an. Das Zifferblatt ist in 24 Stundenziffern aufgeteilt (zweimal 12). Der Sonnenzeiger dreht sich entsprechend dem tatsächlichen Stand der Sonne, aber anders als auf den uns gebräuchlichen Uhren, links herum.

Am Kalendarium im unteren Drittel der Uhr kann man das Jahr, den Tag und den Tagesheiligen ablesen. Von der Figur des Apostel Paulus in der Mitte richtet sich ein langer Zeiger auf das laufende Jahr. Der kleine Soldat im linken Teil des Kalendariums zeigt auf den Tag und den Tagesheiligen. Das Kalendarium reicht bis zum Jahre 2072 und würde die Berechnung des Ostertermins in jedem Jahr bis zu diesem Termin ermöglichen. Durch die Kalenderreform von Papst Gregor XIII. ist dies heute jedoch nur unter Zuhilfenahme eines komplizierten Umrechnungssystems möglich. Papst Gregor schaffte den julianischen Kalender ab, indem er im Jahre 1582 den 15. Oktober unmittelbar auf den 4. Oktober folgen ließ, um auf diesem Wege den Kalender wieder mit dem wirklichen Sonnenstand in Einklang zu bringen.

Wunderbar sind die erst kürzlich restaurierten kleinen Rundbilder für die 12 Monate des Jahres, die von viel Humor des Künstlers Ludger Tom Ring d. Ä. zeugen. Der Januar zeigt eine Familie, die sich am Kaminfeuer wärmt und Waffeln backt. Das damalige Waffelrezept würde heute bestimmt viel Anklang finden. Im Wonnemonat Mai sind Liebespaare im Wald zu sehen. Im Juni werden die Schafe geschoren. Im Oktober werden die Weintrauben geerntet. Wenn das Münsterland auch nicht gerade ein Weinanbaugebiet war, hatte man doch in Westfalen durch die vielen Handelsbeziehungen gute Kenntnis von edlen Tropfen. Das Dezember-Motiv zeigt, dass man für kalte Wintertage Vorsorge treffen und Holz hacken sollte.

Die Astronomische Uhr im St. Paulus-Dom (1540 – 1542) ist ein künstlerisches und technisches Meisterwerk.

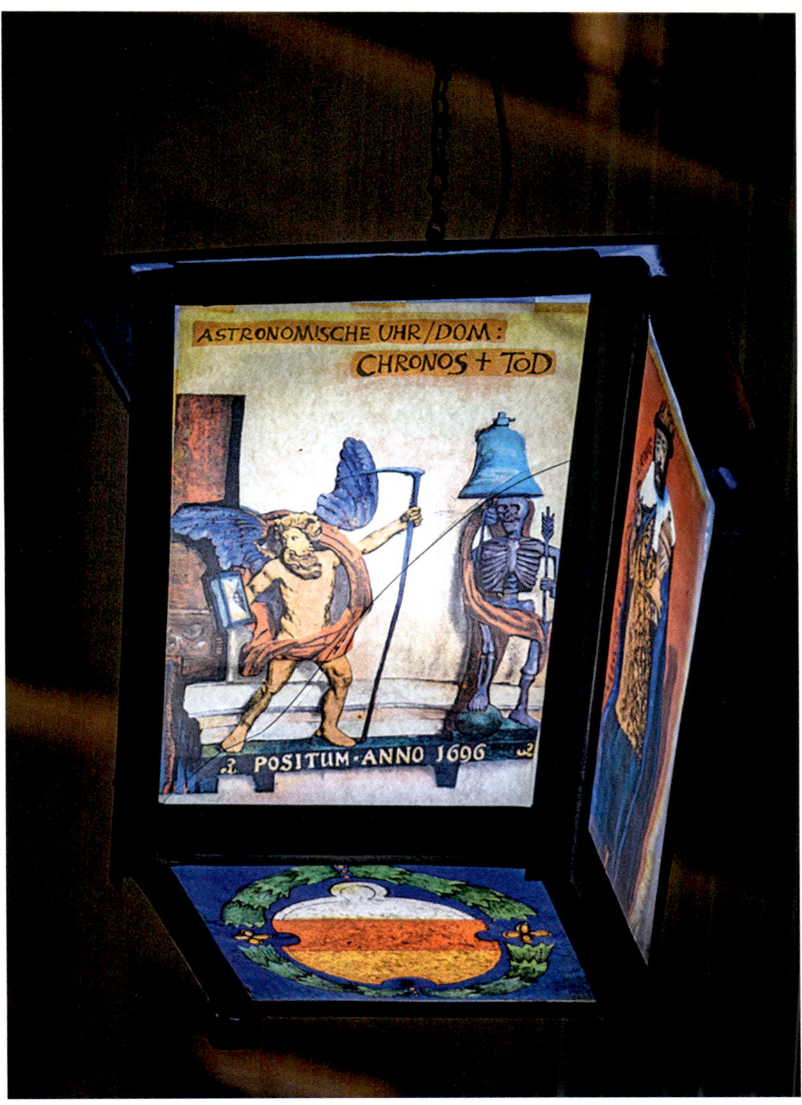

Jede Viertelstunde dreht Chronos im rechten oberen Teil der Astronomischen Uhr die Sanduhr um und der als Skelett dargestellte Tod schlägt die Glocke. Beide Handlungen stehen als Symbol für die Vergänglichkeit der Zeit. Die Figuren im oberen Teil der Uhr sind von Johann Brabender bzw. Johann Mauritz Gröninger geschaffen worden.

Detail von der Astronomischen Uhr in der rechten unteren Ecke des Zifferblattes: dargestellt ist der Löwe, der sinnbildlich für den Evangelisten Markus steht

Einer der heiligen drei Könige, die im oberen Drittel der Astronomischen Uhr jeden Tag um 12 Uhr dem Stern von Bethlehem folgen und um Maria mit dem Jesuskind herumgehen, sich verneigen und ihre Gaben darbieten - begleitet von den Glockenspielklängen „In dulci jubilo" und „Lobet den Herrn", zu dem die Besucher oft mitsingen oder zumindest mitsummen. Dieses Szenario sollte man unbedingt einmal miterleben, es ist so ergreifend, dass es schon so manchem Besucher die Tränen in die Augen getrieben hat. Sonntags und an Feiertagen findet dieses Schauspiel wegen des Gottesdienstes immer eine halbe Stunde später, also um 12.30 Uhr, statt.

Münsters Wochenmarkt

Der Besuch des Wochenmarktes, der jeden Mittwoch und Samstag bis mittags um 14.30 Uhr auf dem Domplatz stattfindet, ist eine lohnende Unternehmung. Es geht dem Besucher in der Regel nicht nur darum seine Einkäufe zu erledigen, sondern auch um „sehen" und „gesehen werden". Man trifft sich beim Kaffeestand vor der Galenstatue, tauscht die neuesten Nachrichten aus und stürzt sich anschließend ins Gewimmel. Das bunte Treiben zwischen den Marktständen, an denen alles, was das Herz an schmackhaften und kulinarischen Genüssen begehrt, angeboten wird, ist eine Bereicherung für alle Sinne.

Nicht nur, aber vorwiegend regionale Produkte werden an den rund 150 Ständen von den gutgelaunten und immer zu einem netten Spruch bereiten Marktbeschickern bereitgehalten: Obst und Gemüse jeder Art, Fisch und Fleisch noch roh oder schon zubereitet, Gewürze, Tee und Feinkost am Olivenstand, Käse, von dem man vor dem Kauf auch probieren darf. Aber nicht nur Essbares, sondern auch selbstgestrickte Socken oder andere Kreationen westfälischer Handwerkskunst laden zum Betrachten oder Kaufen ein. Von der Blumenpracht mal ganz zu schweigen, da möchte man am liebsten alles mit nach Hause nehmen. Nur der eingeschränkte Transport auf dem Fahrrad vermag das zu verhindern. Und wenn ein Hüngerchen kommt: Reibeplätzchen, Backfisch oder eine Tüte holländischer Lakritze schaffen da schnell Abhilfe.

Wer es gerne Bio mag, der geht freitags zum ökologischen Bauernmarkt, der von 12 bis 18 Uhr auch auf dem Domplatz stattfindet und jeden ökologisch orientierten Besucher mit seinem Angebot mehr als zufriedenstellt.

Der Wochenmarkt, der mittwochs und samstags auf dem Domplatz stattfindet, bietet den Besuchern ein reichhaltiges Angebot. Ein Bummel über den Wochenmarkt ist ein Fest für die Sinne und man sollte sich das keinesfalls entgehen lassen.

Münster und die Kunst im öffentlichen Raum

Zunächst haben die Münsteraner Bürger die Versuche, zeitgenössische Kunst im öffentlichen Raum zu installieren, mit großem Argwohn betrachtet. Noch in den 70er Jahren wehrte man sich zum Beispiel heftig gegen den Ankauf der kinetischen Plastik des renommierten amerikanischen Bildhauers George Rickey, die seit 1975 an der Engelenschanze steht. Die Westfalen wetterten in unzähligen Leserbriefen über die Geschmacksverirrung, selbst als die damalige Landesbank sich bereit erklärte, die Kosten für die Skulptur zu übernehmen, konnte man die Skepsis kaum überwinden. Man fühlte sich mit den bereits vorhandenen Denkmälern wie Kiepenkerl, Ochs und Pferd und etlichen Heiligenstatuen bestens bestückt und ward zufrieden.

1977 fanden das erste Mal die Skulptur Projekte in Münster statt und boten den Bürgern Gelegenheit sich an die Visionen internationaler Künstler für ihre Stadt heranzutasten. Die anfängliche Skepsis ist mittlerweile einer großen Begeisterung gewichen und die alle 10 Jahre stattfindende Freiluftausstellung von Kunst im urbanen Raum in Münster wird mit Spannung erwartet. Ins Leben gerufen wurden die Skulptur Projekte von Klaus Bußmann (Direktor des Westf. Landesmuseums von 1968 bis 1974) und Kasper König (Leiter des Museums Ludwig in Köln bis 2012). Da zeitgleich auch immer die documenta in Kassel stattfindet, bekanntermaßen aber alle 5 Jahre, führt viele Kunstinteressierte aus aller Herren Länder der Weg von Kassel nach Münster und umgekehrt. Die Stadt wird 100 Tage lang zu einem Zentrum der Begegnung mit Kunst und Menschen auf internationalem Niveau.

Einige der Skulpturen wurden von der Stadt oder dem LWL-Museum für Kunst und Kultur angekauft oder als Dauerleihgabe zur Verfügung gestellt und verbleiben dauerhaft in Münster. Jede Skulpturenausstellung führt somit zu einer Veränderung des Stadtbildes. Im Rahmen der ersten Skulptur Projekte entwarf Claes Oldenburg die Giant Pool Balls am Aasee, die als Aaseekugeln mittlerweile zum Wahrzeichen der Stadt geworden sind. Seit der Skulpturenausstellung 1987 ziert die Kirschsäule von Thomas Schütte den Harsewinkelplatz. Die von Rebecca Horn im Zwinger an der Promenade zunächst als temporäres Werk geschaffene Installation „Das gegenläufige Konzert“, das die beklemmende Atmosphäre des in der NS-Zeit als Gefängnis missbrauchten Bauwerks eindrücklich einfängt, ist seit der Skulpturenausstellung 1997 permanent installiert. Für die Ausstellung 2007 fertigte der Künstler Huang Yong Ping neue wetterbeständige Arme für seine bereits 1997 aufgestellte Skulptur „100 Arme der Guanyin“, die auf einer Verkehrsinsel am Marienplatz nahe der Ludgerikirche dauerhaft aufgestellt ist. Durch eine Bürgerinitiative konnte der Brunnen „Sketch for a fountain“, den die New Yorker Künstlerin Nicole Eisenman für die Skulptur Projekte 2017 geschaffen hat, im Oktober 2021 dauerhaft aufgestellt werden. Die Bürger hatten vier Jahre lang für die Rückkehr des Brunnens gekämpft und über 800.000 Euro an Spenden für diesen Publikumsmagneten gesammelt. Münster hat sich also von einer kunstskeptischen Stadt zu einer Stadt der Kunst internationalen Formates gewandelt und ist zurecht sehr stolz darauf.

Red Dog for Landois von Keith Haring, Ausstellungsobjekt während der Skulptur Projekte 1987 auf dem ehemaligen Zoogelände. Heute steht die bellende Hundeskulptur vor der Kunsthalle in Ulm.

Die Kirschensäule von Thomas Schütte am Harsewinkelplatz. Die leichte Verwitterung des natürlichen Sandsteins der Säule steht im krassen Kontrast zum leuchtend roten Lack der überdimensionalen Kirschen.

Finnischer Granit, gespalten, von Ulrich Rückriem. Werke von Rückriem stehen auf dem Unigelände neben der Petrikirche und vor dem LWL-Museum. Rückriem verwendet für seine Skulpturen Steinrohlinge, die er selbst in Steinbrüchen auswählt und durch Spalten und Schneiden bearbeitet und wieder zusammenfügt.

2-teilige Skulptur aus Cortenstahl vor dem Erbdrostenhof von Richard Serra, Skulptur Projekte 1987. Die Skulptur steht heute vor dem Kunstmuseum in St. Gallen.

Die Gilden

Zünfte als renommierte Handwerkerorganisationen und Gilden als Zusammenschlüsse der Kaufleute spielten in Münsters Geschichte immer eine wesentliche Rolle. Die strenge Trennung der Bedeutung von Gilde als Vereinigung der Kaufleute und Zunft als Zusammenschluss der Handwerker verwässerte im Laufe der Zeit und die Begriffe wurden teilweise bedeutungsgleich verwandt.

Klare Regeln und hierarchische Strukturen ordneten das städtische Handwerkerwesen und das Kaufmannstum. Ziel war es, gemeinsame Interessen besser durchzusetzen und zu schützen. So bestand die Aufgabe der Gilden z. B. auch darin, Rohstofflieferungen, Preise und Löhne, sogar die Witwenversorgung zu organisieren. Zu den städtischen Gilden gehörten die Schuhmacher, die Kramer, die Schneider, die Gewandschneider, die mit Tuchballen handelten, die Bäcker, die Fleischhauer, die Wüllner (Wollstoffhersteller), die Maler, Sattler und Glaser, die Steinhauer, die Goldschmiede, die Böttcher und Fassbinder, die Ledermacher, die Kürschner und Pelzmacher und die Kannen- und Zinngießer. Die Mitglieder der Gilden hatten relativ großen politischen Einfluss im Rat der Stadt und den Anspruch, gemeinnützig zum Wohle der Bürger zu handeln. Ein herausragendes Bauwerk aus der Blütezeit der Gilden ist das Krameramtshaus aus dem Jahre 1588 am Alten Steinweg, das das Gildehaus der Kramer bzw. Kaufleute war. Dort residierten die niederländischen Gesandten während der Friedensverhandlungen, die zum Abschluss des Westfälischen Friedens führten.

Jede Gilde führte ein eigenes Wappen und die Zugehörigkeit der Mitglieder war an der entsprechenden Kleidung zu erkennen. Das den Gilden zugrundeliegende Reglement bescherte den Mitgliedern viele Vorteile: Sie erhielten ein gerechtes Einkommen, andererseits war das Preis-Leistungsverhältnis für die Kunden durch Kontrolle des Wettbewerbs fair. Die Zahl der Handwerker und Kaufleute, die sich in der jeweiligen Stadt ansiedeln durften, war nämlich oft beschränkt, so dass die Konkurrenz nicht überhandnehmen konnte.

Auch der Werdegang vom Lehrling bis zum Meister unterlag festgelegten Regeln. All diese Regeln basierten auf einem eigenen Zunftrecht.

Mit dem Beginn der Industrialisierung gegen Ende des 19. Jahrhunderts verloren die Gilden an Wichtigkeit. Heute spielen sie als Bewahrer alten Brauchtums eine eher kulturelle Rolle und haben immer noch bedeutenden Einfluss auf das Stadtgeschehen. Wenn Zünfte und Gilden auch heute nicht mehr die Aufgaben übernehmen, die sie früher einmal innehatten, so gibt es für sie aber Nachfolgemodelle. Hier sind z. B. Handwerkerinnungen, vielleicht sogar Gewerkschaften oder legale Kartelle als Zusammenschluss kleinerer und mittlerer Unternehmen zu nennen.

Einige Gildewappen sind vor dem Schuhgeschäft *Zumnorde* zu sehen, so natürlich auch das der Schuhmacher. Ansonsten werden auf den Laternen vor dem traditionsreichen, seit 1887 bestehenden Geschäft, das ein breitgefächertes Angebot von très chic und elegant bis sportlich bequem und alltagstauglich bietet, mehrfach Schuhe als Motiv ausdrucksstark und mit viel Humor dargestellt. Ob für den Gesellschaftsball, das Abi oder den Studienabschluss oder für den Alltag die etwas gemütlichere Variante, hier findet jeder mithilfe fachkundiger und engagierter Schuhverkäufer*innen das passende Modell an Fußbekleidung. Die Autorin durfte einmal mit einer Gruppe die unterirdischen Katakomben des Schuhhauses besichtigen, in denen eine schier unglaubliche Zahl an Schuhen in verwinkelten Gängen und Räumen aus historischen Zeiten nach modernsten logistischen Gesichtspunkten gelagert wird. Die Schuhverkäufer*innen müssen über einen hervorragenden Orientierungssinn verfügen, um sich hier zurechtzufinden und so manche Strecke zurücklegen, um die Wünsche der Käufer zu erfüllen.

Der im Jahre 2018 erfolgte Umbau der Verkaufsräume hat ein stilsicheres Ambiente geschaffen, in dem man sich als Kunde gut aufgehoben fühlt. Geblieben ist bei diesem Umbau die bei Kindern außerordentlich beliebte Rutsche vom Erdgeschoss in die im Keller befindliche Kinderabteilung. Der Schuhkauf war und ist für die Kleinen bei Zumnorde immer mit sehr viel „Rutschvergnügen“ verbunden.

Gildewappen der Goldschmiede

Gildewappen der Schneider

Gildewappen der Schuhmacher

Farbenfrohe Schuhmodelle in den Farben europäischer Staaten vor dem Hintergrund der Europaflagge, sicher ein Hinweis auf die europaweiten Handelsbeziehungen des Schuhhauses Zumnorde

Diese bequemen, mit Blumen verzierten Modelle machen schon beim Anschauen gute Laune.

Aber auch Extravagantes ist im Programm.

Hinten High Heel und vorne eher Modell Aladdin? Hier gerät der Betrachter gerne ins Schmunzeln.

Literaturhinweise

Appelmann-Warren, Michael / von Ketteler, Phillipp: Alles Liebe, schwarzer Schwan. Eine fast wahre Liebesgeschichte, Ibbenbüren 2006.

Arnhold, Hermann / Frohne, Ursula / Wagner, Marianne (Hrsg.) : Public matters. Debatten & Dokumente aus dem Skulptur Projekte Archiv, Köln

Backmann, Uli (Hrsg.): Wi staoht fast. Kiepenkerle in Westfalen, Haltern 1998.

Berglar, Peter: Droste-Hülshoff, Hamburg 1992.

Bernd u. v. a.: Biologische Station Rieselfelder Münster. Europareservat für Wat- und Wasservögel, 1981

Beuys, Barbara: Blamieren mag ich mich nicht. Das Leben der Annette von Droste-Hülshoff, München 2009.

Boer, Hans-Peter u. a.: J. C. Schlaun. Sein Leben. Seine Zeit. Sein Werk, Münster 1995.

Brentano, Hanny: Amalie von Gallitzin, Wien 1909. Projekt Gutenberg, weltweit größte deutschsprachige digitalisierte Volltextliteratursammlung.

Brentano, Johanna: Franz Freiherr von Fürstenberg, Wien 1909, Projekt Gutenberg.

Brößkamp, Lisa / Peter, Gösta Clemens: Münster. Der neue Stadtführer, Münster 2018.

Bußmann, Klaus / König, Kasper / Matzner, Florian (Hrsg.): Zeitgenössische Skulptur. Projekte in Münster 1997, Stuttgart 1997.

Dehio, Georg (Begr.) / Gall, Ernst (Hrsg.): Handbuch der deutschen Kunstdenkmäler, München/Berlin 1986.

Duve, Karen: Fräulein Nettes kurzer Sommer, Köln 2021.

Fischer, Detlef: Münster von A bis Z, Münster 2000.

Galen, Hans (Hrsg.): 1200 Jahre Münster – Send. Synode – Markt – Volksfest, Katalog, Münster 1986.

Galen, Hans (Hrsg.): 30-jähriger Krieg. Münster und der Westf. Frieden. Bd. 1 Krieg, Bd. 2 Frieden, Münster 1998

Grote, Udo / Kube, Stephan (Fotos): Der Dom zu Münster. Rundgang durch die Kathedralkirche St. Paulus, Münster 2014.

Grote, Udo / Kube, Stephan (Fotos): Der Dom zu Münster. Höhepunkte der Kathedralkirche St. Paulus, Münster 2014.

Gutschow, Niels / Stiemer, Regine: Dokumentation Wiederaufbau der Stadt Münster 1945 – 1961, Münster 1982.

Haunfelder, Bernd: Münster. Kleine Stadtgeschichte, Münster 2016.

Haunfelder, Bernd / Olliges-Wieczorek, Ute: Münster. Stadt des Westf. Friedens, Münster 2011.

Katalog der Ausstellung im Stadtmuseum Münster 21. Sept. 1984 bis 30. Juni 1985: Münster 800 – 1800. 1000 Jahre Geschichte der Stadt, Stadtmuseum Münster 1984.

Korschunow, Irina: Das Spiegelbild, Hamburg 7. Auflage 2001.
Lahrkamp, Helmut: Dreißigjähriger Krieg. Westfälischer Frieden, Münster 1997.

Langer, Herbert: 1648, der Westfälische Frieden. Pax Europaea und Neuordnung des Reiches, Berlin/Brandenburg 1994.

Melchers, Erna u. Hans: Das große Buch der Heiligen. Geschichte und Legende im Jahreslauf, München 1996.

Meyer-Schwickerath, G.: Das Annette von Droste-Hülshoff-Syndrom. In: Klinische Monatsblätter für Augenheilkunde. 184, 1984, S. 574.

Peter, Gösta Clemens: Lebenswerteste Stadt Münster, Münster 2012.

Pohlmann, Alfred: Münster. Rundgänge zur Architektur, Münster 2017.

Ribbert, Ute / Hänscheid, Heike: Nie ohne meine Leeze! Fahrradgeschichten aus Münster, Gudensberg 2006.

Schliephake, Gabriela / Siemer, Ulrike: Geheimnisvolles Münster, Gudensberg-Gleichen 2003.

Schmidt, Georg: Der dreißigjährige Krieg, München 1996.

Stadt Münster: Das Rathaus. Münsters Wahrzeichen zwischen Gründung, Zerstörung und Wiederaufbau, Münster 1988

Sinder, Michael / Günther, Ralf J.: Von Landois zum Allwetterzoo: 125 Jahre Zoo in Münster, Münster 2000.

Danksagung

Herzlich danken möchte ich meinem Mann, der mir dieses Buch zugetraut hat, meiner Tochter, die mich immer wieder motiviert und gepusht hat weiterzumachen und meinem Sohn, der mir bei digitalen Fragestellungen und Problemen immer hilfreich und mit viel Geduld unter die Arme gegriffen hat.